mirandA-Verlag

HENRY ROLLINS

ART TO CHOKE HEARTS

© Art to Choke Hearts
Copyright by Henry Rollins 1989, 1997, 2001
All world rights reserved

published by
2.13.61 Publications
P.O. Box 1910
Los Angeles, CA 90078
United States of America

Die Deutsche Bibliothek - CIP Einheitsaufnahme
Ein Titeldatensatz für diese Publikation ist bei
Der Deutschen Bibliothek erhältlich

Henry Rollins
Art to Choke Hearts
Aus dem Amerikanischen von Gunter Blank.
Deutsche Erstausgabe

© Copyright der deutschen Ausgabe:
mirandA-Verlag · Stefan Ehlert
Postfach 101021
D-28010 Bremen
Telefon & Fax 0421 - 7943226
e-mail: mirandA-Verlag@t-online.de

Cover photo by Ralf Strathmann

Typographie und Gestaltung:
Axel Stiehler
www.blaukontor.de

Das Werk einschließlich aller seiner Teile ist urheberrechtlich geschützt.
Jede Verwertung außerhalb der engen Grenzen des Urheberrechts-
gesetzes ist ohne Zustimmung des Verlages unzulässig und strafbar.
Das gilt insbesondere für Vervielfältigungen, Übersetzungen,
Mikroverfilmungen und die Einspeicherung und Verarbeitung
in elektronischen Systemen.

ISBN 3-934790-03-8

HENRY ROLLINS
ART TO CHOKE HEARTS

Aus dem Amerikanischen von Gunter Blank

mirandA-Verlag 2001

25.5.86 Destruction Blues. Ich liege im Bett. Es ist halb drei nachts. Um vier muss ich aufstehen und mit dem Tourbus nach Gurneville, Kalifornien, fahren. Ich werde die nächsten sechs Wochen auf Tour sein.

Ich schaue auf meinen Schreibtisch, eine waagerecht an die Wand gedübelte Tür. Darauf liegen: Eine Orange, eine Chilischote, ein Black-Sabbath-Tape, eine Schere, Stifte, Kleingeld, Manuskripte, Tylenol, Chloraseptic, Reißnägel, eine Tube Klebstoff.

Über dem Schreibtisch befindet sich ein Regal, an das ich Bilder geheftet habe. Von links nach rechts: Jesus auf Knien zum Himmel blickend, Arthur Rimbaud, eine Weihnachtskarte mit einem Hakenkreuz, ein Foto von mir und Greg bei unserem Auftritt letztes Jahr in New York, Edgar Allan Poe, ein Swans-Sticker, Jesus Christus, eine Montage von Madonna mit Adolf Hitler und ein Foto der Grateful Dead.

Ich sehe nach unten. Meine Freundin schläft unter dem Schreibtisch auf dem Boden. Ich beobachte sie. Ich mag es, sie im Schlaf zu beobachten, ihr Gesicht ist so entspannt und ebenmäßig. Ich lausche ihrem leisen Atem und denke daran, dass ich den Hauch ihres Atems in meinem Nacken vermissen werde.

Ich bin müde. Kann nicht schlafen. Vor einer Tour kann ich nie schlafen. Wenn ich einmal im Bus bin und wir losfahren, döse ich ein. Der Kaffee, den ich am Abend getrunken habe, brennt mir im Magen.

Ich schaue wieder auf meine auf dem Boden schlafende Freundin. Studiere ihr Gesicht. Von unserem

Auftritt gestern abend in San Diego hat sie ein blaues Auge. Ein paar Mädels haben sie zusammengeschlagen, auf Kinn und Nase hat sie Schnittwunden.

Ich habe das unzählige Male erlebt. Auf dem Bett sitzen und die letzten Stunden zu zählen bis es Zeit ist loszufahren. Ich stehe auf und mache mich auf den Weg ins Haupthaus, um zu duschen. Bald bin ich unterwegs. Loszufahren ist immer eine in ein Lebwohl gewickelte Erlösung.

. . .

Eine Toilette in Sacramento: Der Mann, der das Männerklo sauber machen muss, tut mir leid. Wenn er es betritt, kriegt er folgendes zu sehen: Die Waschbecken sind voller Blut, Scherben, Papierhandtücher und Kotze. (Der Gestank ist unerträglich.) Der Fußboden um die Waschbecken sieht genauso aus. Auch die Pissbekken sind voller Scherben und Papierhandtücher. Eines ist verstopft. Die Pisse steht bis zum Rand. Auf dem Boden des Scheißhauses liegt nasses Klopapier. Die Schüssel ist randvoll mit Scheiße, Klopapierrollen und der Abdeckung des Thermostats. Die Klobrille wurde abgerissen und hängt am Kleiderhaken an der Tür.

Ich sehe ihn direkt vor mir. Ein Mexikaner wahrscheinlich, der zwei Dollar fünfunddreißig die Stunde kriegt. Ich sehe sein ausdrucksloses Gesicht vor mir. Er holt tief Luft, schüttelt den Kopf und schnappt sich seinen Feudel.

Die Typen, die das Klo versaut haben, kriegen ihn nie zu Gesicht. Er sie auch nicht. Er ist dankbar, dass er einen Job hat. Er beginnt mit seiner Arbeit.

Darwin auf LSD. Darwin auf Speed. Steine schmei-
ßend. Städte demolierend. Fragt sich, wieso es überhaupt so lange funktioniert hat.

. . .

Alles bewegt sich
Die Mädels bewegen sich
Ihre Hüften
Die Wagen auf der Straße
Die Sonne
Alles um mich herum bewegt sich
In meinem Innern
Bewegt sich nichts
Alles tot
Wenn ich sehe wie sich um mich herum alles bewegt
und ich die Starre in mir spüre, fühle ich mich. Als wä-
re ich die Achse, um die sich der Irrsinn den ich sehe,
dreht. Als wäre ich das sehende Auge eines Hurrikans
aus wirbelnder Scheiße.

. . .

Ich bin einer unter Milliarden. Ein Tropfen in einem
Meer von Gesichtern. Einer mehr, der die Straße entlang geht. Ich bin dir gefolgt. Ich habe dich beobachtet. Wenn du behauptest, du hättest mich irgendwo, irgendwann schon einmal gesehen, lügst du. Du gehst an
mir vorüber. Drehst dich nie um. Ich kann dir nie in die
Augen blicken. Das ist gut so. Ich will nicht, dass du
Notiz von mir nimmst. Ich bin ein Fremder, der dich
beobachtet. Dein Leben kreist um das meinige. Ich bin
die Achse, um die du dich drehst. Ich bin ein Fremder.

Wir sind uns nie begegnet. Ich kenne deine Zellennummer. Ich kenne deinen richtigen Namen, den du nur benutzt, wenn du allein bist. Es gibt keine Tür, die du zumachen kannst um mich außen vor zu lassen.

. . .

An manchen Abenden schaue ich ins Publikum und will sie alle vernichtet sehen. Ich hätte gern einen Flammenwerfer, mit dem ich mitten hinein halten könnte. Ihre beschissenen Frisuren abfackeln. Bei jedem Auftritt höre ich mir an wie sie zu mir hoch brüllen, mir sagen wollen, was ich zu tun hätte. Hier ein Autogramm, da ein Händedruck. Erzählen mir, was sie von mir halten, ob ich's hören will oder nicht. Stochern mir in den Augen rum, zerren an meinen Haaren, stoßen mich, während ich spiele. Scheiß Wichser. Flammenwerfer draufhalten. Zusehen, wie sie verbrennen. Keine Miene würde ich verziehen. Mich saugut fühlen.

. . .

Über dem Hinterhof steht eine Sonne
Ich strecke meine Hand aus und spüre die Wärme
Oben im Norden steht die Sonne genauso
Und scheint auf die Wachtürme von San Quentin

. . .

Durch zerstörte Straßenzüge. Zerschmetterter Song wabert durch meinen ausgebrochenen, freien, jetzt aber kaputten Geist. Mein Verstand tuckert im Leerlauf. Schon viel zu lange. Ich warte, dass einer daher kommt und den Schlüssel abzieht, damit mein abgewracktes Selbst endlich Frieden findet. Endlose Meilen von nirgendwo nach irgendwo, das ich längst kenne.

Kenne das alles. Allein herumschlendernd, den Herrgott einen guten Mann sein lassen. Hole tief Luft. Ein langer Blick in den Spiegel. Sehe den Mann, der mich besser kennt. Den Mann, der mich liebevoller ansieht als meine Mutter es je gekonnt hätte. Zeit, den Todestrieb zu entstauben und diesem Mann zu geben, was er wirklich braucht.

. . .

Der Sommer hatte sich endgültig breitgemacht. Er reckte sich zu voller Größe und presste seine geschmeidigen Muskeln an die meinen. Die Luft war zum Schneiden dick. Sie umgab mich wie ein unsichtbares Zellengitter. Die Nächte waren dem Delirium gewidmet, Träumen der Verwirrung und des Weggesperrtseins. Ich ging durch dampfende Dschungel. Rastete in kühlen, feuchten Schatten. Manchmal glaubte ich, nicht wieder aufstehen zu können, weil durch die Rast meine Knochen einrosteten. In meinen Ohren hämmerte es unaufhörlich. Ich war umgeben von einer Welt unangefochtener, seelenloser Schweine. Es hörte sich an, als tobte ein Krieg. In diesem Irrsinn fand ich einen Ort der Ruhe. Einen Ort, an dem ich meinen Atem hören konnte. Der ruhige Ort. Stille Sonne. Schwere Luft. In meinem Hirn eine Frau mit Augen glänzend wie Juwelen. Nicht weggesperrt sein. Ein endloser Weg. Wahnsinnige Schönheit. Ich dachte, wenn ich das geringste Geräusch machte, würde alles über mir zusammenstürzen. Ich schützte den ruhigen

Ort. Hielt ihn sauber, verriet niemandem seine Existenz. Noch heute ist der Weg dorthin mein Geheimnis. In letzter Zeit habe ich oft an diesen Ort gedacht.

. . .

Manchmal nahm mich mein Vater ins Restaurant mit. Ab und zu war der Parkplatz voll. Dann parkte mein Vater auf dem Behindertenparkplatz. Wenn wir ausstiegen, sah er mich an und sagte: »Los, humple!« Dann täuschte ich ein Humpeln vor und wir gingen hinein.

. . .

Ein heftiger Gedanke durchzuckt mein Hirn wie ein kalter bleierner Blitz. Verwirrung und Wahn tanzen und kreischen in meinem Todestrip-reinen Verstand. Ich trage etwas mit mir herum, das ich nicht zu fassen kriege. Ich weiß nicht, woher es kommt, aber es fühlt sich an, als hielte ich eine Knarre in der Hand. Ein Schuss. Wie die perfekte Droge. Ein Schuss und du hebst ab.

. . .

Die Wahrheit ist ein einsamer Geselle. Die Wahrheit scheucht die Leute weg von mir. Hält mein Haus leer. Mit der Wahrheit ist nicht viel Geld zu verdienen. Die Wahrheit ist simpel. Und nicht sehr beliebt in diesen Breiten.

. . .

Ich sitze alleine auf einer Parkbank. Die Sonne scheint. Ich trage kein Hemd, der Schweiß fließt in Strömen über Bauch und Rücken in den Bund meiner Hose. Aus dem Bürogebäude gegenüber kommen Menschen und starren mich feindselig an. Hässlich gekleidete, übergewichtige Frauen mit übergewichtigen Taschenbüchern treten steifbeinig auf die Straße. Sie sitzen stundenlang am Schreibtisch, dann gehen sie zu ihrem Wagen und setzen sich wieder. Die Beine verlernen das Gehen. Männer mit schlaffen Bäuchen und vom Rasieren geröteten Hälsen, die aus unbequem aussehenden, krawattengeschnürten Krägen herausragen, starren mich beim Verlassen des Gebäudes an. Wenn das Sonnenlicht ihre Augen trifft, müssen sie blinzeln. Neon ist besser für die Augen. Während sie ihre Ärsche in ihre Autos schieben, mustern sie mich misstrauisch.

Hinter mir befindet sich ein gebührenpflichtiger Parkplatz. Ich höre wie zwei Schwarze sich anbrüllen.

»Du Schwuchtel!«

»Fick dich, du Niggerschwuchtel!«

»Was? WAS?«

»Komm her, Nigger!«

Dann höre ich das Scharren von Füßen und den dumpfen Aufprall von Fäusten auf Fleisch. Noch mehr Gebrüll und schließlich das Knallen von Autotüren und das Quietschen von Reifen.

Eine deprimiert aussehende Nutte geht vorbei, schaut mich an, spuckt aus und geht weiter. Sie bleibt mit dem Absatz in einer Spalte hängen und fällt vornüber aufs Gesicht. Langsam steht sie wieder auf und dreht sich um, um zu sehen, ob ich mitgekriegt habe wie sie auf die Fresse geflogen ist. Ich lächle und muntere sie mit gereckten Daumen auf. Sie kuckt wie eine Schlange und wackelt weiter. Ein Wagen fährt rechts ran, der Fahrer fragt mich, wie er zur Universität kommt. Schulterzuckend erwidere ich, ich sei fremd in dieser Stadt.

. . .

Aus einem Loch in der schwarz verbrannten Erde
reckt sich ein Schlangenkopf
Augen die sich nie schließen schweifen über die
Verwüstung
Allmächtige Verwüstung, totale Ausrottung
Feuer ist die heiligste aller Krankheiten
Feuer ist der Mutterkuchen
Feuer zerstört Leben
Ausrottung das Heilmittel
Feuer ist die mächtigste und reinste Seuche
Vernichtung lässt das Feuer lodern
Heilt diese kranke Welt
Wenn du Ausrotten sagst
Ist alles gesagt.

. . .

Klo auf dem O'Hare Airport in Chicago. Gott, ich danke dir für diese riesige ruhige Herrentoilette im D-Terminal von O'Hare. Es war klasse. Ich war allein. Die Pissbecken und Klos waren nebeneinander aufgereiht und warteten auf Action. Ich stolperte in die erste Kabine und verriegelte die Tür hinter mir. Ein richtiges Klo! Das letzte Mal hatte ich vor zwölf Stunden in den Büschen bei einem Open-Air-Konzert der Grateful Dead in Wisconsin geschissen. Ich hatte mir gerade die Hosen hochgezogen und aufgepasst, beim weggehen nicht in meine eigene Scheiße zu treten, als dieses Hippiemädchen vorbeikam. Ich machte das Peace-Zeichen und schlug mich durch die Büsche davon. Als ich mich umsah, stand sie genau da, wo ich gerade gehockt hatte. Sie sah auf, durch die Büsche hindurch trafen sich unsere Blicke. Nein, es war nicht Liebe. Aber egal, hier saß ich nun, umgeben von Stahl und Kacheln. Auf dem Boden lag eine leere Flasche Black Velvet. Auf dem Klo Bourbon saufen; Mann, die Chicagoer Männer mussten harte Typen sein. Ich zog die Spülung ein paar Mal hintereinander, weil das Geräusch so cool von den Wänden zurückhalte, um zwei Uhr sechs morgens. Dann verließ ich die Kabine und fühlte mich ein wenig wie ein alter Mann. Amen.

. . .

Wir spielen, sie klatschen und brüllen. Schlagen mit den Fäusten auf meine Füße und werden sauer, wenn ich sie anbrülle, die Scheiße zu lassen. Wir spielen und fühlen uns alle sauwohl, die schwenken ihre Biere und versuchen Zigaretten anzuzünden, während alle drücken und drängen; es wirkt wie ein Aufstand in einem U-Bahn-Wagen. Wenn wir einen Song beenden, schreien sie ständig herum welchen gottverdammten Song sie jetzt hören wollen, als hätte ich sie nicht schon beim ersten oder fünften Mal verstanden. Manche fordern sogar Songs, die wir schon gespielt haben. Von mir aus. Wir sind warmgelaufen, alles ist cool, auf einmal fliegt ein Pitcher auf die Bühne und hätte mich fast in die Eier getroffen. Als der Song zu Ende ist, sage ich: »Hey, entschuldigen Sie, Sir, oder Madam, die Sie den Pitcher nach mir geworfen haben, wahrscheinlich haben sie sich geirrt, aber das Leergut soll an der Bar abgegeben werden, am besten auf dem Landweg, Luftpost ist völlig unnötig. Mit den Krügen müssen Sie aufpassen, denn wenn Sie uns damit treffen, tut es höllisch weh und ...«

Aber wozu reden. Die hören eh nicht zu. Also bringen wir den Auftritt hinter uns. Als wir die Bühne verlassen springt ein Typ herauf, schnappt sich einen Drumstick und springt wieder in den Zuschauerraum. Ich gehe an den Bühnenrand und sage »Hey, gib den Drumstick zurück, die Dinger kosten Geld.« »Ach, komm schon«, erwidert der Typ, »bloß den einen.« Und ich: »Wer glaubst du, wer wir sind? Van Halen?« Ich nehme ihm den Stick weg. Ein betrunkener Marine versucht mich zu küssen. Ich kann mich entziehen und setzte mich auf die Seite der Bühne. Ein Typ sieht mich, deutet auf die leere Wasserflasche, aus der ich getrunken habe, und fragt: »He, kann ich die Flasche haben?« Ich antworte: »Hey, erschieß dich doch.« Er sagt: »Was?« und ich sag ihm: »Mann, geh raus auf den Parkplatz, besorg dir ne Knarre und laß das gottverdammte Blei spritzen. Und jetzt lass mich in Ruhe.« Er geht. Andere Typen kommen auf die Bühne, ich soll ihnen die Hand schütteln und werweißwohin Autogramme schreiben. Einer von ihnen fragt warum ich dem Typen gesagt hätte, er solle sich erschießen. Ich erwidere, dass ich nicht Bruce Springsteen bin, auch nicht für ein öffentliches Amt kandidiere. Ich sei ein schwitzender Motherfucker der ein paar üble Sprüche drauf hat und ansonsten gern weint und andauernd wichst. Ich habe fiese Umgangsformen, einen klasse Arsch und ein gewaltiges Kinn. Mir ist kalt und ich muss mir was anziehen. Gute Nacht.

Ich sitze in einem kleinen Zimmer das nur ein Fenster hat. Die Sonne ist fast untergegangen. Ich denke an einen Parkplatz, auf dem ich vor langer Zeit immer rumgehangen habe. Die untergehende Sonne schien auf eine alte Ziegelmauer und färbte sie rot. Ich bin gerne an Orten, wo sonst keiner ist. Ich kann diesen Parkplatz nicht vergessen. Wenn die Sonne draufschien, sahen die Glasscherben aus wie Juwelen. Der Dreck damals, der Müll und die verpestete Luft. Der Schwuchtelporno mit Bildern von ein paar abgemagerten Typen die Schwänze lutschten. Die Spritzen und die kleinen Kippenhäufchen. War ein cooler Ort zum Abhängen, damals. Fast hätte ich dort sogar mal in einem Auto gevögelt, aber das Mädchen meinte es sei zu kalt.

. . .

Wieder zurück: Es ist hart, wieder zurück zu sein. Ich fühle mich wie eine Kugel, die gerade in eine Wand eingedrungen ist. Auf die Plätze. Fertig. Stop. Ich kann es niemandem erklären. Ich habe versucht es meiner Frau zu erklären, aber es funktioniert nicht. Das Einzige, was ich ihr sagen kann, ist, dass ich, wenn ich von da draußen zurückkomme, das Gefühl habe aufpassen zu müssen, um nicht alles um mich herum kaputtzumachen. Ich sagte ihr, dass die Dinge und Menschen zerbrechlich und schwach wirkten. Schwach, das ist es, was mich wütend macht. Ich laufe herum und habe das Bedürfnis ummichzutreten, will mich in ein Zimmer einschließen bis es vorbei ist. Genau das will ich. Niemanden sehen müssen. Die Figuren, die in meinem Hirn herumspuken, sind schlimm genug. In diesem Zustand fördern die wirklichen Dinge meine übelsten Seiten zu Tage. Mit dem Flammenwerfer ins Einkaufszentrum. Der Fünf-Meilen-Mann auf einer Zehn-Meilen-Strecke. Keine Chance.

. . .

Ich erkenne es so klar, wie ich meine Hand sehe. Das Pendel schlägt nach rechts und kommt volle Kanne runter. Die Bullen und die Massen fürchten einander. Die Bullen fürchten den Hass und die Drohung, es könnte ihnen an den Kragen gehen. Die Pigs geben den Leuten das Gefühl kriminell zu sein, noch bevor sie ein Verbrechen begangen haben. Die Leute werden observiert und sie wissen es. Die Leute fürchten die Polizei. Sie hassen die Polizei.

Wenn man ein Auto besitzt ist es fast unmöglich keinen Strafzettel zu kriegen. Wenn du einen Strafzettel kriegst, hast du gegen das Gesetz verstoßen. Du bist ein Gesetzesbrecher. Du bist kriminell.

Wenn dich ein Polizist anschaut fragst du dich sofort, was du verbrochen hast. Wenn du das was du gerade tust trotz seiner Blicke fortsetzt, siehst du es sofort mit anderen Augen. Wenn er sich dann verzieht, bist du erleichtert, schwebst vielleicht sogar im Hochgefühl deiner Unbeugsamkeit. Vielleicht stellst du dich aber auch in Frage. Fängst an dich wie ein Verbrecher zu fühlen. Schon haftet der Geruch an dir.

. . .

Wenn ich sterbe, möchte ich, dass der Körper an einem öffentlichen Ort im Freien verbrannt wird. Ich will dass der Körper entkleidet wird, damit alle meinen nackten, abscheulichen Leichnam sehen können. Ich will, dass Fremde den Körper treten und verstümmeln, so wie sie es zu Lebzeiten getan haben. Dann will ich dass er mit Benzin übergossen und angezündet wird. Ich wollte ich könnte dabei sein, um ihn brennen zu sehen, zu riechen, wie mein eigenes Fleisch verschmort. Es ist mir egal, wie sie dann glotzen werden, sich fühlen werden, denn es ist mein Körper. Okay, das ist etwas grob. Vielleicht sollte man stattdessen eine Party veranstalten. Ein Fass Bier, Musik, vielleicht sogar ein paar Gramm Koks. Ein paar Kritiker einladen. Ihnen sagen, es handle sich um eine Art »Performance«. Den Arschlöchern erzählen, es sei ein »Statement«. Was für eine Art abzutreten. Brächte mir zwar keinen Fick ein, aber Scheiß drauf.

. . .

Der an seine Armbanduhr gefesselte Affenmensch. Sodbrennen, spät dran. Mühe den Bus zu erwischen. Schwitzt sein Hemd durch, während er die Straße runter hetzt um die verlorene Zeit wieder gut zu machen. Fragte man ihn, ob er jemals über sein Leben nachdenkt, würde er vermutlich sagen, er habe nicht die Zeit, sein Bürojob fülle ihn aus, er wolle in nichts verwickelt werden.

. . .

Er reckte die Arme wie Kakerlakenflügel seitwärts. Grinste in seinem absoluten, falschen Schein. Jenseits des Hasses. Jenseits von euch. Ein Bruder der Furcht. Ein Bruder des Hungers.
    Kein Ende in Sicht.

Einmal sagte er, ich kann dafür sorgen, dass niemand etwas mit mir zu tun haben will. Eines Tages werde ich es schaffen, dass die Leute nichts mehr mit sich zu tun haben wollen. Das ist es, was ich will. Ich will, dass die ganze Welt sich umbringt.

Er war eine Ein-Mann-Party durchdringenden Schmutzes. Er war der King, der wahre King. Ich beobachtete wie er davonging, als sie gerade dem Palast, den sie für ihn erbaut hatten, den letzten Schliff gaben. Soweit ich weiß, kehrte er später zurück und fackelte ihn ab. Dabei lachte er und spuckte auf die Leute, die im Lichtkreis des Feuers standen.

. . .

Herrenklo-Etikette. Ich trete auf. Gleich muss ich auf die Bühne. Ich gehe aufs Klo, um es zu tun, bevor ich raus muss und es tun muss. Jedesmal wenn ich aufs Klo komme ist es voller Typen. Manchmal sind auch ein paar Mädchen da. Die meisten stehen vor den Klos Schlange. Ein paar Typen hängen einfach nur rum, rauchen, kritzeln die Wände voll und haben Spaß. Warum jemand Spaß daran hat auf einem Klo rumzuhängen entzieht sich meinem Verstand. Also, wie gesagt, ich gehe aufs Klo, um mein Geschäft zu erledigen und sehe zu, dass ich so schnell wie möglich wieder raus und auf die Bühne komme. Meistens lassen mir die Typen vorne in der Schlange den Vortritt. Während ich in die Schüssel pisse, klopfen sie mir auf die Schulter und sagen Sachen wie: »Lass die Sau raus. Reiß es raus.« Und das tue ich. Ich lasse beim Pissen unglaublich die Sau raus, aber die Scheiße von wegen Rausreißen ignoriere ich.

Klettere aus dem Wrack
Lauf mit mir durch brennende Felder
Du spielst Spiele
Dein Verstand dreht sich im Kreis
Du bist eingelocht
Du bist ein Türenknallender Mann
Du bist gefesselt
Du bist ein zusammengezurrtes Schwein
Sieh mir nach, wenn ich weggehe

. . .

Seelenschwarzer Junge. Seelenschwarzes Mädchen. Hand in Hand schlendern sie durch eine seelenschwarze Welt. Wortlos und stumpf, ausgebrannt und leer. Innerlich tot. Verstümmelung der einzige Ausweg. Ausrottung die einzige Überlebenschance. Sie werden es nicht schaffen, sie sind verliebt. Während sie sich im Park küssen, knirscht unter ihren Schuhen der Müll. Ich geh ihnen an die Kehle und mache dann, dass ich wegkomme.

. . .

Der Schöpfer des Endes. Das Einzige an das ich mich erinnere, ist, dass er wegging. Das war das einzige Mal dass ich ihn gesehen habe, als er, sich von mir entfernend, durch die Ziegelgasse ging. Die Sonne stand tief, brannte purpurrot, es sah aus, als ob die Mauern auf den Asphalt bluteten.

. . .

Wenn du allein bist
Den ganzen Weg allein gehst
Du gehst mit mir
Wenn du nichts in den Händen hast
Dann hältst du meine Hand
Ich bin bei dir
Bei jedem Schritt des Weges
Was dir geschieht, geschieht mir
Den ganzen Weg
Allein
Alles spüren
Alles fühlen, was es zu fühlen gibt
Über Blut und Wahnsinn lachen
Bruder des Wahns
Bruder der Einsamkeit
Bruder des Einzigen
Schmerz ist umsonst
Schmerz tobt
Schmerz schleicht sich ins Haus der Liebe
Kommt unter die Laken
Und richtet sich dann auf wie eine Schlange, um auf den nächsten, der vorbeikommt, zu warten

. . .

Der Autounfall. Die Körper im Wagen schreiben lautlos Geschichte. Das Mädchen. Ihr am Lenkrad zerschmetterter Kopf. Ihr schönes Gesicht. Ihr Schädel. Ihre eingedrückte Stirn, purpurrot. Das Mädchen neben ihr. Ihr Körper. Ihre sanften Augen. Glasgespickt. Ihr ungeborenes Kind, im Bauch verrenkt. Genick gebrochen, Rückgrat gebrochen. Der kleine Mund geöffnet, voll trockenen, geronnenen Blutes. Die Vierjährige auf dem Rücksitz, Genick gebrochen. Mehrfach gebrochene Beine die sich grotesk ineinander verschränkten. Die kleinen Arme umfassen ihren Körper als würde sie frieren. Nichts regt sich. Der Wagen und die zerschmetterten Körper warten auf die Putzkolonne die sie wegfegt. Eine Menschenmenge starrt in den Wagen, als wäre es ein Raumschiff mit Besuchern aus einer anderen Welt. Vor zehn Minuten hätte niemand sie eines zweiten Blickes gewürdigt, doch nun fesseln sie ihr Publikum. Die Leichen im Wagen müssen etwas Unglaubliches vollbracht haben, denn alle fragen ihre Nachbarn ob sie gesehen hätten, was geschehen sei. Die Polizei kommt und schickt alle nach Hause. Die, die gehen können, gehen. Die Toten werden Hilfe brauchen.

. . .

Wüstenmann, Verbrennungsofen
Käfer kriechen
Spinnen kriechen
Schlangen kriechen
In der Wüste
Zerstörte Autos
Zerstörte Leben
Die Todesstille ist in dieser Gegend besonders still
Brennende Körper des Nachts
Brennendes Metall des Nachts
Ich türmte Schrott auf und verbrannte ihn
Schmolz ihn zusammen
Alles menschliche Leben zerstört
Ich und meine Brüder
Beobachten das brennende Feuer

Alles menschliche Leben zerstört
Ich kann sie schmoren riechen
Ich lächle
Zerfetzte Gedärme pflastern meinen Weg

. . .

Lasse mir von der Sonne die Knochen wärmen. Ein Flugzeug übertönt den Blues aus den Lautsprechern. Die Zeit glitt mir durch die Zähne. Jede Sekunde. Mein Kopf wippt im Takt mit Lightnin' Hopkins' Fuß. Was mache ich hier? Ich fühle mich wie ein alter Mann, der im Garten den Spinnen zusieht. Ruhm ist ein ausgelatschter Schuh. Ein Schnellzug, der deinem Leben davonbraust und nur ein schales Echo hinterlässt.

. . .

Trampen in der Wüste. Ein Wagen fährt an den Straßenrand um den Tramper mitzunehmen. Der Tramper öffnet die Wagentür und sagt, danke, Mann. Der Tramper zieht eine Pistole aus dem Hosenbund und hält sie dem Fahrer an den Kopf. Der Fahrer hebt die Hände. Der Tramper gibt dem Mann ein Paar Handschellen und befiehlt ihm, sich ans Lenkrad zu ketten. Der Mann gehorcht. Der Tramper lacht und fängt an zu singen. Der Tramper reißt dem Fahrer einen Ärmel ab und steckt ihn in den Benzintank. Zündet ihn an und geht zu einem Felsen um zuzusehen.

. . .

Er nahm ihre Hand und sie rannten los. Sie rannten durch den Regen. Rannten durch brüllende Ghettos. Kriegslärm um sie herum. Sie rannten durch brennende Felder. Kamen an einen Ort an dem sie merkten, dass sie nicht länger rennen mussten. Es war vorbei. Alles, was sie hatten, war weg. Soviel zu Ruhe und Frieden.

. . .

Der kleine Junge war kaum fünfzehn Minuten allein. Der Babysitter war nur schnell Zigaretten holen gegangen. Als sie zurückkam war die Feuerwehr vor dem Haus. Sie sah den Rauch. Sie fand heraus, dass der Junge auf den sie aufpassen sollte mit den Streichhölzern, die sie auf dem Tisch hatte liegen lassen, die Wiege seines kleinen Bruders angezündet hatte. Er hatte gehört dass Einzelkinder mehr Zuwendung von ihren Eltern erhalten, mehr Liebe und eine doppelte Portion Nachtisch.

. . .

Der Familienvater besaß einen Hund. Einen Deutschen Schäferhund. Er hielt ihn im Hof. Ab und zu durfte der Hund nach draußen und ich konnte ihn sehen. Was für ein elendes Exemplar von einem Hund; sein Fell war räudig, seine Beine schwächlich. Er sah schrecklich aus. Ich bedauerte, Steine über den Zaun geworfen zu haben, nur um ihn solange bellen zu hören, bis der Mann das Überwachungslicht einschaltete. Ich hatte geglaubt der Hund wäre eine riesige Bestie, bereit jeden totzubeißen, der den Hof betrat.

Ich hatte immer gehofft, der Hund würde eines der Kinder totbeißen. Schließlich starb der Hund. Jetzt halten sie einen kleineren Hund im Hof. Der darf nie auf den Rasen vor dem Haus noch sonst wohin. Er hat nur den Hof. Er bellt wie ein neurotischer Cop. Demnächst besorge ich mir eine Schleuder und mach den kleinen Bastard kalt, natürlich nur, um ihn von seinem Elend zu erlösen.

. . .

Ein Schwarzer geht einen kalifornischen Strand entlang. Ein paar weiße Jugendliche stellen sich ihm in den Weg und fragen ihn, wo er hin will. Einer fragt ihn, ob er einen Pass hat. Die Jugendlichen beleidigen den Schwarzen. Der steht nur da und sieht zu Boden. Schließlich schaut er sie an und fragt: »Geht euch wirklich einer ab, wenn ihr sowas macht?« Einer der Jugendlichen wiederholt mit übertriebenem schwarzen Akzent, was der Mann gesagt hat. Der Mann starrt wieder zu Boden. Er sieht wieder auf und fragt, ob er jetzt gehen kann. Einer der Jugendlichen sagt, er könne. Der Mann weicht ein paar Schritte zurück und geht um die Jugendlichen herum. Die Blicke der Jugendlichen folgen ihm. Sie reißen ein paar Witze. Sie klingen hohl und gezwungen. Wie das Gelächter, das folgt. Sie gehen zu ihren Decken zurück und reden wieder über Mädchen.

. . .

Klasse Wurf. Als ich etwa sieben war, spielte ich häufig im Park gegenüber dem Apartment, in dem meine

Mom und ich wohnten. Eines Tages spielte ich wie gewöhnlich allein im Park. Ich saß auf der Schaukel. Ein schwarzer Junge kam auf mich zu, griff sich die Ketten und versuchte mich runterzuwerfen. Ich hörte so schnell ich konnte auf zu schaukeln und stieg ab. Der Junge stieß mich und ich wich zurück. Er hob einen Stein auf und warf ihn nach mir. Der Stein verfehlte mich. Ich rannte auf unser Haus zu. Drehte mich um, um zu sehen, ob er mich verfolgte. Er stand da, wo er zuvor gestanden hatte. In der Hand hielt er einen zweiten Stein und holte aus, um ihn nach mir zu werfen. Ich wusste er konnte mich auf diese Entfernung niemals treffen, trotzdem rannte ich weiter. Der Stein traf mich voll am Hinterkopf. Ich sah Sterne, Blut lief über meinen Nacken in mein Hemd. Ich drehte mich wieder um und sah, dass er in die andere Richtung davonlief. Seine Freunde würden ihm in tausend Jahren nicht glauben, aber er und ich wussten, es war ein klasse Wurf.

. . .

Die Gewalt in seinen Augen sehen. Sehen, wie sich die Stadt über deine Ohren legt. Paranoia bei hundertfünfzig die Stunde. Klebriger Dreck und heißer Regen. Ins Waschbecken wichsen. Dabei ständig an Selbstmord denken. Nach Fliegen schlagen und eine Rasur benötigen. Nach einem Mädchen Ausschau halten. Und in eine Schlägerei geraten. Die Gewalt in ihren Augen sehen wenn du die Bar betrittst. Hören wie laut und heftig sie lachen und saufen. Nachts kaputt und einsam nach Hause gehen. Sich so leer fühlen, dass du denkst du fällst zusammen. Die Hitze in seinen Augen sehen. Zusehen, wie der Typ mit seiner Freundin streitet und versucht, sie aus dem Taxi zu zerren. Weitergehen. Heiße Nacht, hier und heute. Du bist alles, was du hast. Was du willst ist viel zu viel. Was du kriegst ist viel zu wenig. Du fühlst nichts. Siehst nur Finsternis. Kennst nur Gefühllosigkeit. Kannst dich nur treiben lassen.

. . .

Ich bin unterwegs, die Straßenlaternen sehen aus wie kleine Monde. Feucht, alles ist feucht. Ich kann mich riechen, folglich muss ich da sein. Grillen und Autos, dazwischen nur das Geräusch meines Atems. Niemand zu Fuß unterwegs. Ich bin der einzige Mensch auf der ganzen Welt.

Ich gehe durch die Nacht. Ich werde so lange marschieren bis mein Kopf klar ist. Marschieren, bis alles für mich einen Sinn ergibt. Die Nacht umfasst mich. Ich werde marschieren und den nahenden Sonnenaufgang verfluchen. Ich werde marschieren und schwitzen und nachdenken. Versuchen klar zu sehen. Ich werde marschieren bis die Nacht mich verlässt. Dann werde ich rückwärts gehen und versuchen herauszufinden, wo alles hin ist und warum ich zurückgelassen wurde.

. . .

Ich gehe durch die Straßen. Der Schmutz füllt meine Lunge. Ich bin nur ein Gesicht in der Menge. Ich gehe an dir vorüber. Du nimmst mich nicht wahr. Die Haut spannt sich über meinem Gesicht. Ich bin verzweifelt. Nichts, worauf du deuten könntest, nichts, das du sehen könntest, nichts, was du spüren könntest. In meinen Augen ist nichts zu erkennen. Alles macht mich wahnsinnig. Schmutz und Hitze nähren meine wachsende Verzweiflung. Durstig und wahnsinnig. Du gehst auf der Straße an mir vorüber. Ich gebe keinen Laut von mir. Manchmal muss ich meine Hand packen und schütteln, um mir nicht an den Kopf zu fassen, wo in meinen Ohren ein dröhnender Krieg tost. Das nennt man durchhalten. Ich lege mein Ohr an eine Ziegelmauer. Ich kann die heißen, animalischen Laute der Maschine hören. Ich warte dass die Nacht kommt und mich davonträgt. Mit dünnen Sohlen über heißen Asphalt. Meine Kleider jucken. Wenn ich vorbeigehe verwandeln sich alle in Polizisten und beobachten mich. Hungrige stecknadelköpfige Augen – Schweinsäuglein. Sie blinzeln durch ihre Sonnenbrillen. Betrachten die Welt aus anderer Perspektive. Ihre Welt ist gedämpfter und kühler als meine. Sie bedarf sorgfältiger Pflege, weil sie sonst zusammenbricht.

. . .

Ich saß auf meinem Bett.
Bewegte mich nicht
Das Zimmer war heiß, die Luft stand
Fast halb vier Uhr morgens
Ich wollte mich umbringen
Hatte mich schon so hochgepusht, dass ich es wagte
Es endete damit, dass ich den Fußboden mit Blut besudelte
Ich nahm eine Rasierklinge und ritzte mir Muster in die Haut
Es tat nicht weh

Ich hatte das Gefühl zu fliegen
Das Blut roch gut
Am nächsten Tag entdeckte der Boss meine Narben
Brüllte mich an
Nannte mich einen Freak
Ich erinnere mich noch, wie seine Augen hervortraten
Er mir seine Spucke ins Gesicht schleuderte
Ich dachte, ich wäre meinen Job los
Ich konnte froh sein, dass er mich brauchte
Ich hielt mich immer für den glücklicheren
Menschen
Vielleicht war ich ein Freak
Wenigstens kein zweimal geschiedener Alkoholiker

. . .

Träume rasen in mich hinein. Heiße Stroboskop-Nacht Heiß im Asylfick wühlendes Fleisch Hakenkreuz Faust Todes-Trip verrosteter Verlierer Durst kriechendes Fleisch Kugel Maschine Maschine Schlachthaus aus/an Schalter links links liegengelassen, Hakenkreuz Kugel gezielter Schuss Saft unter heißen an/aus oszillierenden Lichtern Schalter links an, Schalter links an Kugel Hakenkreuz schneller Schlachthaus Kugel mitten rein Licht auf der anderen Seite Massen Anziehungskraft Selbstmord heiße Tiere bringen sich gegenseitig um wie Kakerlaken kriechend vermehren sich in endlosem Schraubzwingenfick Todesgriff zerschmettern treten beißen ins Gras, darunter ist die Lösung eine Kugel die Medizin gegen alle Krankheiten Kugel Gott Antwort Mensch heiß wahnsinnig Tier Licht Schalter links an.

. . .

Geschäftsleute in Windeln. Mit dicken, fetten Muttis, die sich um sie kümmern. Männer in Dreiteilern, die in Restaurants weinen. Mutti setzt den schmutzigen Jungen auf den Tresen von Denny's und wechselt vor aller Augen die Windeln. Niemand verschluckt sich. Das passiert ständig.

. . .

Keine Zeit für mich, nur Zeit für alle anderen. Sie verschwenden Zeit ohne nachzudenken. Sie denken nichts. Ich muss hier raus. Nehme mir die Ferien meines Lebens. Versuchen mich mit ihrer Scheiße zu killen. Bald schaffen sie's. Aber ich habe einen Plan. Mann, habe ich Pläne. Wenn sie sich umdrehen, bin ich verschwunden. Sie werden nachsehen. Wo ist er hin? Ich wollte ihm etwas sagen. Ich wollte eine Schlinge um seinen Hals legen. Wollte ihn eine Weile durch meine Scheiße zerren.
 Na gut ...

. . .

Weihnachten 1985. Global-Unterweisungsraum
 Das Telefon klingelt.
 Global. Ja, es stimmt, okay, gut.
 Das Telefon klingelt.
 Global. Ja, irgendwo in Arizona. Ich weiß nicht genau. Ich weiß nichts von einem Begräbnistermin. Ruf in ein paar Tagen wieder an, okay?
 Das Telefon klingelt.
 Global. Ja, Mann es ist wahr.
 Wer hat's dir gesagt? Ja, wir sind alle ausgetickt

deswegen. Schon komisch, Weihnachten zu verbringen und so ... wir sehn uns.

Das Telefon klingelt.

Global. Welche Zeitung? Egal. Was willst du? Nein, D. Boon war der einzige, der bei dem Unfall umkam. Ich weiß nicht genau, wie es den anderen geht. Ruf in ein paar Tagen wieder an.

Das Telefon klingelt.

Global. Hallo Mom. Hast du's gehört? Oh, D. Boon ist tot. Ja, er hatte einen Autounfall. Mit noch zwei Leuten. Ich weiß nicht, wie es ihnen geht. Ich muss mich um die Telefone kümmern. Tschüs.

. . .

Zwing ihn zuzusehen
Ich will, dass er alles sieht
Ich will, dass er sich an alles erinnert
Schneid ihm die Augenlider ab
Zwing ihn zuzusehen
Zwing ihn zusehen
Ich will, dass er sieht, wie alles brennt
Ich will, dass er sich an alles erinnert

. . .

Sommerauspuffschwadenmusik. Sommernachtsmusik. Die Sonne geht unter. Die lange dunkle Verbrennung beginnt. Ich brenne allein. Aus der Finsternis meiner Zelle rufe ich nach ihr. Ich möchte dass sie mit mir brennt. Ich rufe durch die finstere Hitze nach ihr. Ich schaue durch das Fenster, ob sie mich gehört hat. Kriech herein zu mir. Brenne mit mir. Entzünde diesen Traum mit mir. Die Sommernachtsmusik lässt das Blut die Wände runtertropfen. Allein liege ich hier. Ich brenne. Ich begehre. Ich warte. Ich knirsche mit den Zähnen und zerstöre mich. Ich brenne.

. . .

Ich fuhr in einem Truck. Schloss die Augen und sah mich selbst nachts durch mein Apartment wandern. Ich sah zu meinem Fenster hoch und stellte fest, dass mein Zimmer in Flammen stand. Ich kam näher. Sah, dass ich dreifach eine menschliche Leiter zu meinem Fenster formte. Ich kletterte hoch und schaute in mein Zimmer. Sah mich drinnen. Mein Körper tanzte brennend durch den Raum. Obwohl ich von Flammen eingehüllt war, brannte im Zimmer sonst nichts. Ich sah zu, wie ich durch den Raum tanzte. Schließlich fiel der Körper aufs Bett. Die Flammen erloschen und da lag ich, nackt und keuchend. Ich schaute mich um und bemerkte, dass ich auf der Erde stand. Die menschliche Leiter war verschwunden. Ich öffnete die Augen und befand mich im Truck. Vor mir breitete sich die Straße aus. Ich kurbelte die Scheibe herunter und atmete die frische Luft ein.

. . .

Der Typ am Tresen sagte ich hätte den Job bekommen und solle nun runter gehen, den Boss treffen, meine Schürze abholen und mich in die Vorschriften des Restaurants einweisen lassen. Ich ging runter um den Boss zu treffen. Ich stand auf der Türschwelle und klopfte höflich. Er saß an seinem Schreibtisch und sagte ich solle hereinkommen und mich setzen. Er fragte mich wie sehr ich den Job wolle. Ich sagte ihm, dass mir der Laden wirklich gefalle und denke, dass ich ... Er unterbrach mich und fragte was ich tun würde, um den Job zu kriegen. Ich verstand nicht was er meinte. Er sagte wenn ich den Job wollte, müsste ich ihm einen blasen. Ich konnte nicht glauben, dass er das sagte. Er sah mich an und meinte, er hätte nicht den ganzen Tag Zeit. Wenn ich den Job wolle, solle ich mich hinknien und ihm einen blasen. Ich brauchte den Job. Ich ging runter und tat es. An jenem Nachmittag ging ich nach Hause und erzählte meiner Mutter, dass mein Onkel ein harter Boss sei.

. . .

Ich liebe Explosionen. Ich liebe Todesanzeigen. Ich liebe alles, was dem Spiel einen Kick gibt. Vielleicht ist es Zeit für Terrorismus, vielleicht ist es Zeit für einen Rassenkrieg. Vielleicht ist es an der Zeit, dass die Würfel rollen, wohin sie rollen. Gebt allen Knarren und lasst uns rausfinden, wer der wahre Herr der Fliegen ist. Vielleicht wird mein Hirn auf dem Pflaster verteilt. Das ziehe ich in Betracht. Scheiß drauf. Ich weiß nur, dass es losgehen muss. Seht euch doch um. Die Grenzen sind gezogen. Die Kapitäne suchen sich ihre Mannschaften. Die Schwachen schließen sich an. Es passiert überall. Sonst kann ich nichts erkennen. Nur Vernichtung. Erlösung ist ein schlechter Scherz und eine gute Lüge. So viele Leute stehen auf der Veranda und warten auf den Erlöser.

Schaut euch um. Schaut euch den Dreck an. Schaut euch die Freakshow an. Schaut euch die hirnlosen

Idioten um euch herum an. Wie sie euch runterziehen wollen. Nur noch das Chaos. Setzt dem Irrsinn ein Ende. Reißt euch am Riemen. Nehmt euer Herz in die Hände und reißt euch am Riemen. Nur noch Chaos mit einer coolen, führenden Hand. Schaut euch doch alle an. Schaut es euch genau an. Verliert nicht den Kopf, denn da sitzt euer Verstand.

Die Hirnlosigkeit um euch herum ist sinnlos, versucht garnicht erst, ihr einen Sinn zu geben. Lasst euch von der Schwäche der anderen nicht herunterziehen. Es gibt nur eine Richtung. Vorwärts. Es gibt nur eine Sünde. Schwäche. Um durchzukommen, um den primitiven Arschlöchern zu entgehen, müsst ihr vernichten. Lang lebe die Vernichtung. Sprecht mir nach.

. . .

Sie rissen mir die Kleider vom Leib. Nackt und zitternd stand ich vor der riesigen Grube, die man ausgehoben hatte. Ich drehte mich um und blickte hinein. Sah den Leichnam meiner Mutter. Nackt und verstümmelt. Ich rückte ein Stück beiseite, dass ich, wenn ich fiele, neben ihr zu liegen käme. Ich war glücklich, sie ein letzes Mal gesehen zu haben. Sie hatten gelogen. Sie sagten mir, dass sie seit Stunden tot sei. Erzählten mir in allen Einzelheiten, wie sie sie gefoltert hatten. Ich schaute hinab und fror nicht länger. Sie befahlen mir mich umzudrehen. Ich sah mich um. Nackt und blass standen wir alle im frühen Morgenlicht. Die Soldaten legten an und feuerten. Unsere Körper zuckten und stürzten in die Grube. Die Glücklichen starben schnell. Bei mir und anderen dauerte es Stunden. Wie wir den Tod herbeisehnten. Andere Körper fielen auf mich. Ich verlor meine Mutter aus den Augen. Endlich starb ich. Ich rammte meinen Kopf zwischen zwei Leichen und erstickte. Amen.

. . .

Die vier stiegen aus dem Wagen. Ehemann, Frau, Kind und Hund. Beim Aussteigen verschüttet der Junge seine Cola über dem Rücksitz. Zack! Fängt er sich eine vom Vater. »Du kleiner Scheißer, gerade habe ich innen sauber gemacht.« Die Frau beugt sich herüber und sagt: »Warum hast du das getan, du Idiot? Er hat es doch nicht absichtlich gemacht.« Zack, fängt sie sich auch eine. Der Hund versucht, den Mann ins Bein zu beißen. Der Mann tritt ihm so heftig in die Rippen, dass er sich winselnd davonmacht. Frau und Kind flüchten sich ins Haus. Der Mann hinterher. Weil er den Hund so heftig getreten hat, humpelt er. Der Hund läuft weg. Die Frau bereitet das Abendessen. Der Junge verzieht sich auf sein Zimmer und spielt. Der Mann holt sich ein Bier aus dem Kühlschrank und setzt sich, um seinen Fuß zu entlasten, der anzuschwellen beginnt.

. . .

Als ich sieben war, ging ich auf eine öffentliche Grundschule. In der Mittagspause hing ich auf dem Schulhof herum und sah den älteren Jungs beim Baseball und ihren Raufereien zu. Ich erinnere mich, dass zwei Typen sich einmal über irgendetwas heftig in die Haare kriegten. Ich weiß nicht mehr, worum es ging. Aber ich weiß noch, dass einer der Typen auf einmal einen Bleistift zückte und versuchte, den anderen damit zu stechen. Der Junge blockte den Stich ab und der Bleistift fuhr ihm mitten durch die Hand. Einen Augenblick lang starrte der Junge verblüfft auf seine Hand, so als traute er seinen Augen nicht. Dann fing er an zu schreien. Ein Lehrer tauchte auf und nahm ihn mit. Ich habe nie erfahren, was mit dem passiert ist, der zugestochen hatte. Aber nachdem die Wunde verheilt war habe ich die Narbe gesehen. Der Junge war cool. Ein paar Jahre später rettete er während eines Ferienlagers meinen Arsch. Irgendein Typ wollte mir mit einem Ast den Schädel einschlagen, da kam der Typ dazu und redete es ihm aus. Ich gab ihm mein Busticket und den größten Teil meines Mittagessens. Schien ein guter Deal gewesen zu sein. Damals.

. . .

Ich trat der Wand in die Eier und ging davon. Ich ging zum Begräbnis, um zu sehen, was los war. Die ganzen Leute, die dem Kadaver ihren Respekt zollten. Komm und weine mit uns, sagten sie, als ich mich abwandte. Klar doch. Ich dachte, wie lustig es wäre, wenn einer von ihnen nicht das Geld hätte um die Gebühr für den friedhofseigenen Parkplatz zu bezahlen. Alles hat seinen Preis. Komm, weine mit uns, riefen sie. Komm, weine mit uns, du Arschloch! Einer warf einen Stein nach mir. Ein anderer brüllte etwas. Der Kadaver interessierte niemanden mehr. Sie jagten mich vom Friedhof auf die Straße. Ich lief weg. Ich dachte sie bringen mich um. Hätten sie es getan, wette ich, dass sie nicht zu meiner Beerdigung gekommen wären. Mein Begräbnis wäre klasse ... Exakt in dem Augenblick, in dem der Priester zum großen Adieu anhebt fliegt der Sargdeckel auf, der Tote setzt sich auf, schaut sich um und brüllt: »Wer hat dich denn eingeladen?«

. . .

Ihr Kind ist im Meer ertrunken. Der Rettungsschwimmer brachte den leblosen kleinen Körper an den Strand und legte ihn in den Sand. Da er nichts weiter tun konnte, stand er auf und fragte ob jemand wisse wo die Eltern seien. Die versammelte Menge tauschte unschlüssige Blicke. Niemand meldete sich. Zehn Meilen weiter, in einer Bar in Manhattan Beach, prosteten Mutter und Vater einander zu und feierten ihre neu gewonnene Freiheit und das damit verbundene Glück. Sie waren richtig verliebt. »Lass uns ein Heim gründen und hübsche Babies in die Welt setzten.« Darüber mussten sie laut lachen. Sie bestellten neue Drinks.

. . .

Ich bin nicht du. Ich will dich nicht um mich herum haben. Die Nummer, dass ich mich ständig erklären muss, muss aufhören. Mein Trip ist mein Trip. Wenn du über Schwächen reden willst, rede über deine eigenen. Ich bin ein selbstsüchtiger Mensch.

Es gibt nichts Egoistischeres, nichts Verlogeneres als Selbstlosigkeit. Ich bin selbstsüchtig. Ich bin ich selbst. Das ist alles was ich habe, und alles was ich will. Deine Liebe wärmt mich nicht bei Nacht. Deine Liebe treibt mich nicht an meine Grenzen. Auch dein Hass nicht. Du kannst dich mir nicht hingeben. Selbst wenn du könntest, ich würde dich nicht nehmen.

Kriegslärm. Beim Ficken muss ich Kriegslärm hören. Sonst fühle ich mich tot. Kann nicht kommen. Ich muss mich wohl fühlen. Wenn ich heute abend keinen hochkriege werde ich dich schlagen. Krieg ist die Hölle. Im Frieden kann ich keine Liebe finden. Gib mir Krieg. Bitte. Ich will dich lieben. Ich will dich töten. Ich will dich hassen. Lass mich hassen. Lass mich lieben. Lass mich rein. Lass mich zustechen. Ich will dich lieben. Ich will dich treten. Immer und immer wieder, für den Rest meines Lebens. In den Augen der Liebe. Es gibt keine Liebe. Krieg jetzt, damit ich dich besitzen kann. Du bist das, was ich will. Wenn wir gekommen sind, sollten wir rausgehen. Ein paar von ihnen umbringen. Ihre Wunden vergewaltigen. Sie vernichten. Abfackeln. Es sind ja nur die. Sie ausrotten. Wir werden sie zu Tode lieben. Sie vollkommen vergewaltigen. Sie mit unserer Liebe zu Asche verwandeln. Unsere Liebe wird die Erlösung sein. Unsere Liebe wird die Antwort auf alle Fragen geben. Unsere Liebe wird uns in der Finsternis den Weg erleuchten. Du und ich, Baby. Das volle Programm. Heute nacht.

. . .

Ich werde die Pepsi-Generation abfackeln. Ich kann dir nicht alles über Shakespeare erzählen, aber ich kann dir sagen, dass die ganze Scheiße brennen wird. Es stinkt und wird verdampfen. Sieh dich um, die Pest wütet schon. Es fault von innen heraus. Täglich schwärt es mehr. Sieht aus wie ein Haufen Würmer in der Mülltonne. Wuselnd, schlängelnd, dampfend. Kurz vor der Explosion. Ich sage fackelt alle ihre

Zellen ab; von Beverly Hills bis runter nach Palos Verdes. Stell dich auf dein Wagendach und winke den guten, braven Menschen hinterher.

. . .

Bin mit einem Freund verabredet. Kam fünf Minuten zu früh. Er war sogar noch früher gekommen. Er saß auf dem Bordstein und redete mit diesem Skinhead. Als ich hinzutrat stand mein Freund auf und begrüßte mich. Der Skinhead musterte mich und verzog abfällig das Gesicht. Mein Freund sagte »Bis denn« zu dem Skinhead und wir wandten uns zum Gehen. Der Skinhead sagte: »Hast du 'n bisschen Kohle für'n Sixpack?« Mein Freund durchwühlte seine Taschen nach Kleingeld. Ich schaute mir den Skinhead an. Glatze, schwarzes T-Shirt, auf der Brust prangten ein paar Stiefel, darunter die Aufschrift ›Skinhead‹, Bluejeans, und Stiefel wie die auf dem T-Shirt. Er war blass und fett. In Hitlers Armee hätte er keinen Tag durchgestanden. Und keinen halben in einer schwarzen Street-Gang. Er sah mich an, wollte auch von mir Geld. Ich verzog das Gesicht. Mein Freund und ich gingen und ließen ihn in seinem eigenen Saft schmoren.

. . .

Wieder bin ich im heißen Raum
Ich bin ein Zeitjunkie
Ich bin ein User
Wie alle Abhängigen komme ich an den Punkt,
an dem ich mich frage
Wer benutzt wen

Ich schaue mich um und sehe, was ich mache
Ich schaue in den Spiegel und sehe, was es aus mir macht
Und komme zu dem Schluss, dass ich ein ziemlich gutes Ding am laufen habe

. . .

Es dauerte eine Weile, bis ich es zu schätzen lernte, aber jetzt bin ich für jedes Ereignis dankbar, das mich weiter entmenschlicht hat. Jeden Moment, der den Prozess weitertrieb. Das waren gute Lektionen. Sie lehrten mich eine Menge über mich selbst und die Leute um mich herum. Der Mensch ist die niedrigste Spezies auf diesem Planeten. Wenn ich weniger als menschlich bin, bin ich mehr als menschlich. »Nur menschlich«, höre ich häufig. Ich stehe im Flur. Ich bin nackt und zittere, sie lachen mich aus. Zeigen mit dem Finger auf mich, wollen es mich spüren lassen, wollen, dass ich mich fühle, wie sie sich fühlen würden, wenn das Gleiche mit ihnen passierte. Sie versuchen mich zu provozieren, etwas zu tun, damit sie mich strafen können. Versuchen, mich wütend zu machen, damit ich etwas tue, das sie verstehen können, etwas auf das sie reagieren können. Sie sind nur menschlich. Sie wollen, dass ich mich wie ein Untermensch fühle. Denken, dadurch würde ich mich schwach fühlen, sie wissen nicht, dass ich stärker werde, wenn ich schwächer werde. Ich habe aber auch ein anderes Verständnis des Begriffs ›nur menschlich‹, der sich von ihrem unterscheidet. Sie benutzen es als Entschuldigung, damit man ihre Schwäche als etwas sieht, das sich ihrer Kontrolle entzieht. Ich sehe es als Kloake, aus der man klettern kann, eine wahre ›Ausstiegsluke‹. Ich bin ein Bruder der Kakerlake. Ein Bruder von allem, was kriecht. Die haben wenigstens genug Grips und Eier abzuhauen.

Die Kakerlake ist eine höhere Lebensform als meine Spezies. Keine Moral. Bei ihnen zählt nur das Leben, und das mit erstaunlicher Verbissenheit. Keine Wertungen. Ihnen zählt nur das eigene Leben. Keine Liebe, kein Hass. Staatsfeind Nummer eins. Das Mittel sie zu vernichten ist dort erhältlich, wo du auch dein Essen kaufst. Ganze Konzerne widmen sich ausschließlich ihrer Vernichtung. Aber sie sind so cool. Es geht ihnen am Arsch vorbei. Mal sehen, ob du das toppen kannst.

. . .

Ich stehe im Spiegel und starre mein Gesicht an. Manchmal denke ich, gleich bricht etwas durch meine Stirn. Plötzlich werde ich von übermächtiger Klaustrophobie überwältigt. Es dauerte eine Weile bis ich verstand, doch jetzt ist mir alles klar. Ich bin in der Einsamkeit gefangen. Manchmal habe ich das Gefühl, mein Gesicht werde gegen die Schädeldecke gepresst. Mein Kopf ist kein angenehmer Aufenthaltsort. Früher glaubte ich, es befinde sich außer mir noch jemand dort. Ich wollte nicht glauben, dass ich mir das alles selbst antat. Jetzt weiß ich, dass ich allein es bin und alles hier drin steckt. Manchmal möchte ich aus meiner Haut fahren. Ferien machen. Ich weiß, das wird nie geschehen. Ich akzeptiere, was ich werde. Ich beobachte mich selbst als sähe ich einen Film. Unverschämte Mutation, allein in meinem Zimmer. Ein cooler Trip.

Sommerisolationswahnmaschine. Napalm in der Gebärmutter. Blutunterlaufene Augen kriechen über die Straße auf der Suche nach etwas, das nicht tot ist. Sieh zu, wie ich diese Herrschaft beende. Sieh zu, wie ich diesen impotenten Traum beende. Sieh zu, wie ich diese Vision ausrotte. Hundeäugige Soldaten marschieren in geschlossener Formation in ihre eigenen Arschlöcher. Dunkel und dunkler. Zeit, die Lüge zu zerstören. Sieh zu, wie ich ihre Gebärmutter aufschlitze und verstümmle. Rühren, bis es fest wird. Die Straßen schmelzen. Auftürmen und verbrennen. Brennen, bis die Sonne zu Staub zerfällt.

. . .

In meinem Häftlingshirn fühle ich mich wie ein Soldat
Ich schaue aus dem Fenster auf die Straße
Diebe töten Diebe
Leute stehen Schlange, um Opfer zu werden
Wenn sie blutend daliegen, kann ich die Liebe in ihren Augen erkennen
Vom großen Spiel verwundet
Opfer als Helden für einen Tag, danach sind sie nur noch Opfer

. . .

Der Sommer ist fast vorbei. Ich fühle mich, als renne ich rückwärts in den Sommer hinein. Ich kann nicht glauben, dass die Hunde mich außen vor lassen. Die Nächte sind jetzt kühler, nicht mehr so wahnsinnig. Die Leute gehen mit müden Schritten durch die

Straßen. Vor drei Wochen sind sie in die Schnapsläden gestürmt, oder in ihre Betten, um zu ficken oder zu streiten. Die Schule beginnt und die wirren Träume finden Ruhe. Die Selbstmordrate wird wieder sinken. Die Zahl der Toten auch. Es lässt nach. Ich kann noch immer die Echos der Sonne hören, die Schreie, das Gelächter. Es dämmert früher. Das Gebrüll wird leiser. Der Sommer ist fast vorbei.

. . .

Ich gerate ständig an düstere Orte. Kann ihre Augen nicht sehen, ihre Gesichter nicht ausmachen. Werde wieder verfolgt. Der Selbstzweifel legt seine Hand auf meine Schulter und sagt: »Das ist noch gar nichts, mein Sohn, du weißt, es wird noch erheblich kälter. Die Zeit läuft dir davon und die ganze Zeit wirst du älter. Wenn du in meinen Augen nach dem Ende suchst, dann komm mit mir, denn es ist gleich um die Ecke.« Als das Flugzeug abstürzte, wollte ich alle Namen vergessen. Ich musste einen Ort finden, an dem ich nicht gefunden werden konnte. Überall, wo ich suchte, suchten sie auch. Sagten: »Hey Mann, was für ein Trip, ich hätte nie geglaubt, dass ich dich treffe.« Ich werde wieder verfolgt. Alles in mir; ich laufe herum und sehe mich in ihren Augen, schaue mich an und sehe den, den ich verabscheue. Es geht immer so weiter.

. . .

Langsam gewöhne ich mich an den Gedanken, nicht mehr bei Black Flag zu sein. Die Band war klasse. Jetzt wird mir klar, dass sie auch als Sicherheitsnetz diente.

Ich dachte es hört nie auf. Jetzt weiß ich, dass alles endlich ist. Ich will nicht trübsinnig klingen, aber es stimmt. Alles ist endlich. Ich will nicht auf dem Ticket meiner früheren Reputation fahren. Ich will es mit dem schaffen, was ich jetzt mache. Das ist ein neuer Anfang, eine neue Realität. Ich werde mich ziemlich ändern müssen. Wenn nicht, wird's scheiße.

Was für ein Trip. Heute, im Büro, habe ich angenommen, alle wüssten über Black Flag Bescheid. Die hatten keine Ahnung, wer ich war. Könnte das Beste sein, was mir je passiert ist. Zeit, sich an die Arbeit zu machen. Alle Energien nach vorne richten. Kein Abgleiten in die Depression mehr. Wenn ich arbeite und mich weiterentwickle ist alles cool. Ich werde mir beweisen, was ich kann. Ich bin jetzt auf mich allein gestellt; manchmal denke ich, auf lange Sicht ist das am besten.

. . .

Die sagen rehabilitieren: Ich sage ausrotten. Die sagen erziehen, ich sage ausradieren. Rehabilitation? So etwas gibt's nicht. Man kann nichts rückgängig machen. Eine Institution kann nichts begreifen. Deswegen richtet man sie ja ein. Mauern machen Eindruck. Die wohlhabenden Angsthasen glauben, die Justiz wüsste, was sie tut. In einer Justizvollzugsanstalt ist noch nie eine Rehabilitation vollzogen worden.

Von draußen macht die durch Mauern abgeschottete Verwirrung Eindruck. Sieht aus, als wüssten die, was sie tun. Sie predigen aus einem Buch, das sie nicht geschrieben haben. Sie predigen aus einem Buch, an das sie nicht mal glauben.

Ich bin kriminell veranlagt. Ich habe einen kriminellen Drang. Ich bin von Kriminalität abhängig. Ich brauche andere zum Existieren. »A Little Help from my Friends«. Ich kriege dauernd Hilfe, aus den unmöglichsten Ecken. Jeder Selbstmord, jeder Flugzeugabsturz, jeder Autounfall, jede Überdosis. Das alles hilft mir. Ich werde mit jedem Tag stärker. Fühle mich jeden Tag besser. Ich habe 'ne lange Zeit in Rehabilitation verbracht. Ich glaubte ich wäre für die Chance, dass mich jemand liebt, bereit zu töten. Vor den Medikamenten, die meine Mutter mir verabreicht hat, kümmerte ich mich um niemanden als mich selbst. Nun sehe ich, dass auch die anderen wichtig sind. Ich sehe jetzt eine Menge Dinge anders. Ich denke, ich bin innerlich gereift. Sie haben mir gesagt, ich sei kriminell. Ich glaube ihnen. Ich glaube alles, was sie mir erzählen. Wie gesagt, ich habe Bedürfnisse. Ich will etwas, das du hast. Gib es mir, bevor ich dir die Kehle aufschlitze.

. . .

Der Sommer ist fast vorbei. Ich kann es fühlen. An der Art, wie sich meine Muskeln anspannen. Der Sommer ist so gut wie tot. Ich nicht. Ich bin immer noch da. Ich habe nicht getan, was ich angekündigt habe. Ich hatte mir vorgenommen, dies würde der Sommer, in dem ich mich total zerstöre. Ich habe es nicht getan. Ich bin immer noch da. Ich habe versagt. Nun naht ein weiterer Winter, und ich werde auch den überstehen. Monatelang werde ich ans Leben gekettet sein, gefangen in meiner Einsamkeit. Es wird Monate dauern, bis ich die Gelegenheit kriege, mich abzufackeln. Alles wird kalt, selbst der Wahn kühlt ab. Ich liebe mich so sehr, dass ich mich weiter mit dem Leben quäle. Wie mit einem verwunschenen Messer. Das verwundet, aber nicht tötet. Das ist meine Schwäche. Ich kann verwunden, aber nicht töten.

. . .

Um 5:02 Uhr bin ich aufgestanden um zu pissen. Ich schaute aus dem Fenster, rüber zum Crack-Haus. Da waren sie, drei von ihnen. Hingen rum, warteten. Manchmal wirken sie wie Haie, wie sie gehen, ihre Köpfe bewegen, sich nichts entgehen lassen. Manchmal wirken sie wie Moskitos, wie sie stundenlang einfach nur da sind, sich alle fünf Minuten woanders niederlassen. Ein Streifenwagen fuhr vorbei und leuchtete sie ab. Sie zogen sich in die äußerste Ecke des Parkplatzes zurück. Die Pigs verzogen sich, und sie kamen zurück. Ich ging wieder schlafen.

Um neun stand ich auf. Schaute aus dem Fenster. Da waren sie. Nicht dieselben drei, drei andere. Wachablösung, schätze ich.

. . .

Um ein Gefühl zu entwickeln, brauche ich Schmerz. Um mit mir zufrieden zu sein, muss ich die Reaktion in den Augen eines anderen sehen. Ich muss wissen, was du von mir denkst, um mir eine Meinung von mir bilden zu können. Ich muss Dinge tun, die individuell nur schwer erfahrbar sind. Ich muss mich als Individuum fühlen. Das kann ich nicht, wenn ich allein in meinem Zimmer bin. Ich muss es vor möglichst vielen

Leuten tun. Ich muss ihre Reaktionen sehen, damit ich weiß, ich bin anders. Ich muss im Mittelpunkt stehen. Eine Weile, ständig. Wenn ich irgendwo reinpasse, habe ich das Gefühl versagt zu haben. Ich betrachte dies als Versagen, als Zeichen der Schwäche. Ich bin so besessen von der Vorstellung anders zu sein, dass ich mir Dinge versage, die ich mir wünsche genau wie andere Leute auch, nur um sagen zu können, ›das ist nicht meine Welt‹. Erbärmlich.

. . .

11.00 Uhr. Ich schaue aus dem Fenster auf das Crack-Haus. Vor dem Haus parkt eine Zivistreife entgegen der Fahrtrichtung. Ein paar Anwohner sitzen auf meiner Seite der Straße auf einer Mauer und schauen sich das Ganze an. Die Minuten verstreichen, die Anwohner werden unruhig, einer von ihnen fuchtelt seinem Freund mit den Fäusten vor der Nase herum. Gegenüber hockt ein Junge mit einem Kamm im Afro auf der Motorhaube eines Autos, das neben den Bullen parkt. Sieht aus, als wartete er auf jemanden aus dem Haus. Kurz darauf kommt einer der Bullen raus, spricht in sein Funkgerät und geht in das Haus zurück. Wenig später kommen er und ein anderes Bullenschwein aus dem Haus. Einer der beiden hat ein Messer in der Hand. Er gibt es dem Jungen mit dem Afro. Der Junge wirft es auf ein Stück Holz das auf dem Boden liegt und hebt es samt dem Holzstück wieder auf. Der Junge schüttelt es in Richtung des Bullen auf dem Fahrersitz. Ich betrachte die Klinge, die sich durch das Holz gebohrt hat und auf der anderen Seite ein paar Zentimeter herausragt. Der Junge grinst die Bullen an und ver-

staut das Messer wieder in der Scheide, die an seinem Gürtel baumelt. Die Bullen fahren ab. Die Leute stehen auf und gehen in das Haus. Es war als hätte der ganze Block den Atem angehalten, während die Pigs da waren, und nun da sie weg sind, ist alles wieder cool.
12:00. Ich höre einen Hubschrauber über mir. Die Dealer schauen hoch, als erwarteten sie Regen. Der Chopper geht so tief, dass ich überzeugt bin er landet gleich auf dem Dach. Schließlich verzieht er sich und alles ist wieder ruhig.
18:00. Ein blauer Datsun fährt vor dem Crack-Haus vor. Ein weißer Typ am Steuer, ein schwarzer auf dem Beifahrersitz. Sie steigen aus, der Schwarze geht ins Haus. Der Weiße setzt sich auf die Mauer. Er sieht ziemlich nervös aus, weiß, dass die Anwohner ihn abchecken. Er sieht aus als säße er im Wartezimmer eines Zahnarztes, der ihm gleich einen Zahn ziehen wird. Schließlich kommt sein Kumpel heraus und sie fahren weg.

. . .

Ich denke, dass die Bierwerbung junge Menschen zeigen sollte, wie sie auf Parkplätzen von Schnellrestaurants im Mittelwesten kotzen. Ich denke, die Marlboro-Werbung sollte schwächliche Schwuchteln zeigen. Ich denke, dass man Fernsehwerbung für Trojan-Kondome machen sollte. Ich denke, dass MTV Rock-Videos mit Bildern von Vietnam-Toten zeigen sollte, die in Hubschrauber verladen werden. Ich denke man sollte Punkrocker, die in den Club-Klos das Toilettenpapier vollpissen, in Watts aussetzen, ohne Geld für eine Busfahrkarte. Ich denke, man sollte David Letterman wegen Koks hochnehmen und ins New Yorker

East Village verfrachten, damit er heroinsüchtig wird. Ich denke es sollte Sammelbildchen von John Holmes geben. Gary Gilmore sollte eine eigene Tennisklamotten-Kollektion kriegen. Ich denke, die ganzen Obdachlosen von L.A. sollten bei Bruce Springsteen an der Haustür klingeln und fragen, ob sie mal das Klo benutzen können. Ich denke, dass Vince Neil von Mötley Crüe seine Strafe im Haupttrakt des L.A.-County-Gefängnisses verbüßen sollte, damit er mal die wahre Bedeutung von »Soul Love« erfährt. Die ganzen UCLA-Studenten sollten einmal die Woche mit Filzläusen verseucht werden. Humboldt-County-Pot sollte das offizielle Gras der amerikanischen Olympiamannschaft werden. Es sollte eine Fernsehserie mit dem Titel »berühmte Selbstmorde« geben. Man sollte alle Heavy-Metal-Bands zwingen, einen großen Teil ihrer Einnahmen an die AIDS-Forschung zu spenden. Man sollte Joan Rivers fesseln und einem berühmten Transvestiten zum Spielen vorwerfen, eventuell Joan Collins. Es sollte einen Zeitschrift mit dem Titel »Der Moderne Terrorist« geben.

Fortsetzung folgt ...

. . .

Jeden Morgen gebiert sie. Keuchend und mit schweren Lidern liegt sie auf der Seite. Zu Millionen kriechen sie heraus, nackt und verwirrt. Starren dumpf auf die aufgehende Verbrennungsmaschine. Sie tötet sie. Einen nach dem anderen. Isst sie, ihr Mund ist blutverschmiert. An ihren Zähnen und Klauen klebt totes Fleisch. Tag für Tag vernichtet sie sie. Das Fleisch der Toten nährt die Ungeborenen und so geht es immer weiter. Sie ist eine ausdruckslose, lieblose, seelenlose Hungermaschine. Eine stahlgeflügelte Abtreibungsmutter. In ihrem Bauch beherbergt sie eine Ghettogebärmutter der keiner entkommt.

. . .

Um neun Uhr werde ich von den Arschlöchern gegenüber geweckt. Neun Uhr morgens und die Typen sind schon auf der Straße und gehen sich gegenseitig auf den Sack. Heute geht's darum, dass ein Wichser dem anderen sechshundert Dollar schuldet. Direkt unter meinem Fenster brüllen sie einander an.

Wenn ich schon auf bin, kriege ich vielleicht mal richtige Action zu sehen. Das hier ist besser als Fernsehen, zumindest ist es echt. Aber keine Action. Die sitzen nur da und schreien sich in voller Lautstärke an. Warum können sie ihre Scheiße nicht auf der anderen Straßenseite regeln? Wieso müssen sie zum Streiten zu mir rüberkommen?

Jetzt wird es noch lauter. Wieso können sie sich nicht gegenseitig umbringen und die Scheiße zu Ende bringen, damit ich noch 'ne Mütze Schlaf kriegen kann? Wieso zahlt der eine Typ nicht einfach seine Schulden und verpisst sich? Ich schätze, 'ne Schießerei wär' mehr nach meinem Geschmack. Wenn einer den andern abknallt, das wär doch klasse. Die Bullen würden sich nicht einmal blicken lassen. Heute ist nicht Zahltag und außer Geld und Macht interessiert die eh nichts. Und ich würde im Leben nicht die Pigs rufen, das wär der totale Ausverkauf.

Wär es nicht klasse, wenn ich einfach raus und auf die zwei Typen zuginge und ihnen sagte, sie sollen ihren Drogenstreit woanders austragen, ich wolle noch 'ne Runde schlafen? Ihr Gesichtsausdruck in der Zehntelsekunde bevor sie mir die Fresse polierten wäre einfach zu schön. Den könnte ich dann den Krankenschwestern beschreiben.

Noch cooler wäre es, eine Knarre zu nehmen, auf die Typen zuzugehen und zu sagen: »He, was soll der Scheiß?« Beide abknallen, kurz über die Straße zu den andern schauen und fragen: »Sonst noch jemand? Was, ich kann dich nicht verstehen, wie kommt's dass du auf einmal so leise redest? Hast du ein Problem?« Dann ihre Reifen plattschießen und zurück ins Haus gehen.

. . .

Dienstagabend. Von draußen höre ich eine Bullenfunke. Ich schaue aus dem Fenster. Ein Bulle quatscht auf einen Jugendlichen ein. Ich kann nur das Bullenschwein verstehen, der Junge redet zu leise. »Wo hast du das Fahrrad her? Weißt du, dass wir in diesem Wohnblock hier pro Monat fünfzig Leute festnehmen? Fünfzig Festnahmen. Straftaten. Die Leute landen im Gefängnis. Wo hast du das Fahrrad her? Okay, wir haben zwei Haftbefehle für dich. Hände über den Kopf.« Ich höre die Handschellen klicken. Der Junge wird in den Wagen geschoben. Das Fahrrad kommt in den Kofferraum. Der Wagen fährt weg.

. . .

Die Luft ist kalt. Mein Kopf ist rasiert. Ich habe eine Nummer. Während ich warte beobachte ich meinen Atem. Fünfundzwanzigjährige Leiche. Die Wachen lachen und rauchen. Fünfundzwanzig Jahre was? Fünfundzwanzig Jahre das und dann tot. Ich werde vergast und dann verbrannt. Mein Körper kommt in ein Konzentrationslager im Himmel. Ich werde warten, bis ich dran bin, dann werde ich wieder vergast und verbrannt. Ich werde die Ewigkeit brennend in einem Lager verbringen.

. . .

Leisten Sie keinen Widerstand. Sie machen es sonst nur schlimmer. Legen Sie Ihre Sachen in den Koffer. Verabschieden Sie sich von ihr. Geben Sie dem Kleinen einen Kuss. Unterschreiben Sie hier. Maul halten. Leisten Sie keinen Widerstand. Steigen Sie in den Zug. Setzen Sie sich, wenn Sie können. Setzen Sie sich. Maul halten. Abfahren. Nicht zurückschauen. Man wird sich um Sie kümmern. Leisten Sie keinen Widerstand.

. . .

Ich fühle mich nur wohl wenn ich Befehle erhalte. Ich fühle mich nur wohl, wenn ich in einem Loch sitze und mir die Augen zuhalte. Ich fühle mich nur wohl, wenn ich bitte sage. Ich heiße so, wie sie mich zu nennen belieben. Ich fühle mich wohl, wenn sie mir die Binde umlegen. Ich fühle mich wohl, wenn sie mir sagen, dass ich mich wohl fühle. Ich muss das fühlen, was sie mir sagen, damit ich leben kann. Ich muss mich wohl fühlen, um zu leben. Wenn ich mich nicht wohl fühle, möchte ich meinem Leben ein Ende setzen. Das ist meine Philosophie, könnte man sagen. Das wurde mir so gesagt. Ich glaube alles, was man mir sagt. Ich glaube, wenn man nicht alles glaubt, was man gesagt kriegt, ist das ein Zeichen von Schwäche. Man hat mir gesagt die Schwachen würden vernichtet. Ich spüre, dass im Gehorsam Stärke liegt. Wenn ich ihnen diene fühle ich mich stärker. Mit jeder Minute, die ich ihnen gestatte, mein Leben zu kontrollieren, wächst meine Disziplin. Die wissen es besser als ich. Deshalb sind sie da, wo sie sind. Das weiß ich, das glaube ich.

. . .

Ich sitze in einem Auto, das um drei Uhr morgens durch die Straßen von Houston rast. Die beiden Mädels vorne unterhalten sich über die beiden Speedschluckerfreunde, die sie beim Konzert getroffen haben. Ich sitze hinten mit einer besoffenen, finster aussehenden Frau, der die Titten aus dem Kleid hängen. Jedesmal, wenn ich rüberschaue, kreuzen sich unsere Blicke und sie kuckt, als wolle sie mit mir vögeln oder sich mit mir prügeln, aber wahrscheinlich eher prügeln. Die beiden Mädchen vorne unterhalten sich über den Arm des Mädchens hinten, den sie kaum bewegen kann, weil er eine riesige blaue Schwellung hat. Das eine Mädchen sagt: »Echt übel, ich hätte fast kotzen müssen, als ich sie auf dem Klo sah.« Dann reden sie über den Typen, der ihr den Stoff verkauft und außerdem mit ihr geht, der sagt, dass er ständig drauf sei, und dass sein Arm völlig im Arsch sei, weil er sich einen Scheiß dafür interessiert, wo die Nadel vorher gesteckt habe. Sie sagt, er klaue, habe eine Band, und dealen würde er auch, außerdem habe er einen Job, mit dem er versuche, alles zusammenzuhalten. Ich bemerke, dann müsse er ja mächtig beschäftigt sein, aber sie ignorieren mich. Die finstere Braut kuckt mich wieder an und ich schätze, ich halt besser meine Klappe und hoffe, dass ich heil aus dieser Karre komme, denn das Mädel, das fährt, ist ziemlich hinüber und niemanden scheint es zu jucken, dass sie gerade bei Rot über die Ampel gefahren ist. Neben der finsteren Braut sitzt noch ein Typ, er sagt was, aus dem hervorgeht, dass er und sie was am laufen haben. Er erzählt, dass er Ärger auf Arbeit hatte, weil sein Boss die blauen Flecken gesehen hat, mit denen sein ganzer Körper übersät ist. Ich lehne mich hinüber und frage, wo er die blauen Flecken her hat und er deutet auf die finstere Braut. Ich sage: »Oh«, und halt wieder die Klappe. Die Mädels vorne ziehen die finstere Braut und ihren Typen mit deren sexuellen Vorlieben auf und eine fragt, ob sie noch immer dieses SM-Ding durchziehen. Sie antwortet dass sie das immer noch voll durchziehe und dass sie, gleich nachdem sie sie absetzen würden, 'ne Session veranstalten würde. Der Typ nickt mit dem Kopf dazu, als ob es keine große Sache sei. Scheiß heiß heute Nacht, ich hoffe, ich kann ein paar Stunden schlafen. Es stellt sich raus, dass ich bei den beiden Speedfreaks übernachte und ich denke: »Fuck, Mann, und wieder eine Nacht ohne Schlaf, was für eine Scheiße.« Ich will euch trotzdem noch was erzählen, obwohl es eigentlich nichts mit dem zu hat, worüber ich geredet habe. Aber vorhin habe ich erst gedacht, die finstere Braut sei ein Typ mit 'ner fetten Schicht Make-up, bis ihr dann die Titten aus dem Kleid gefallen sind.

. . .

Aufräumungsarbeiten nach dem Absturz, Teil 3. Oh Mann, ich habe es heute in den Nachrichten gesehen, also erzähl mir nicht, es wäre nicht passiert. Ich habe es im Fernsehen gesehen. Das große Flugzeug hat das kleine Flugzeug über Cerritos voll erwischt. Was für ein Trip, die ganzen Gepäckstücke und das ganze brennende Zeug überall verstreut zu sehen. Die Turbine, die im Vorgarten lag. Spitze. Der Typ im Fernsehen sagte, mindestens fünf Menschen wären draufgegangen als das Flugzeug auf die Häuser gestürzt ist. Stell dir vor, du sitzt im Wohnzimmer vor der Glotze und ein riesiges Linienflugzeug landet in deinem Garten. Würdest du ausflippen? Würdest du glauben, du hättest die Drogen deiner Kinder geschluckt? Ich zappte durch die Kanäle um mir die anderen Nachrichten-Sendungen anzusehen. Einer der Sender hatte ein Close-up von einem der Leichensäcke. Das sah cool aus. Der Nachrichtentyp meinte, Gepäck und Körperteile seien über mehrere Straßenzüge verstreut. Wenn ich heute nicht dreitausend Meilen von Cerritos entfernt wäre, wäre ich da draußen und würde die Sau rauslassen. Und mich nach ein paar Teilen umsehen, die ich mit nach Hause nehmen könnte.

Budweiser sollte eine dieser ›For all you do‹-Werbungen über Typen machen, die an solchen Absturzstellen die Leichen wegräumen. Das wäre klasse, Aufnahmen von den Typen, wie sie Köpfe und Arme einsammeln und sich den Schweiß von der Stirn wischen. Dann Schnitt auf die Jungs, die, mit Blut, Hirn und Scheiße besudelt, nach der Arbeit in ihre Stammkneipe gehen. Sie betreten die Kneipe, wo schon jede Menge hübscher Mädels herumhängen, die ihre Budweiser-Krüge hochhalten. Der Werbeslogan wird eingeblendet und der Typ mit der tiefen Stimme kommt ins Bild und erzählt, dass das Einsammeln von Gedärmen und abgerissenen Armen ein harter Job sei, aber irgend jemand müsse ihn ja machen. Und dann läuft natürlich die ›For all you do, this Bud's for you‹-Nummer ab.

Klar bin ich glücklich, dass dieses Flugzeug abgestürzt ist, schließlich saß ich nicht drin. Hätte ich drin gesessen, könnte ich nicht drüber schreiben. Und ich werde mir all die neuen Zeitschriften mit den Farbfotos besorgen, und ich bin ganz aufgekratzt, lache und erzähle Scheiße, denn ich fahre mit dem Zug zurück nach Kalifornien.

. . .

Du kommst in eine Stadt, und es ist, als fassten nasse Hände ein Stück Seife an. Du flutscht gleich wieder raus. Du musst dich reinschleichen und ein Plätzchen finden, wo dich keiner vermutet. Das richten die ganzen billigen Plätze bei mir an. Da, wo das Geld sitzt, das sind die billigsten. Sklaven vergewaltigen Sklaven. Am Zahltag die Sau rauslassen, für immer ihre Namen vergessen. Deshalb kriech ich mit all den Kriechern herum. Denk nicht, es sei Naivität, ich schütze mich nur davor auszubrennen. Optimismus im Rhythmus eines Motors. Der Herzschlag versetzt mein Weltbild in willkürliche Bewegung. So wie ich atmen muss, muss ich in Bewegung bleiben. Ich kann mich nicht von Tränen überfluten lassen. Ich kann mich nicht von der Kälte der Nacht fertigmachen lassen. Ich kenne mich jetzt gut genug um zu wissen, dass ich immerfort bluten muss. Ich muss die Wunden offen halten, damit ich den einzigen Song weitersingen kann, den ich von Anfang an singe; während die Straße unter den Rädern meiner Existenz durch meine Seele führt.

. . .

Ich setze mich. Nehme meine Daumen und schraube sie mir in die Augen. Ich mache dicht, ich verkrieche mich. Es tut weh, aber ich kenne keinen Schmerz, der sich im Entferntesten so anfühlt. Mein Hirn fällt in sich zusammen. Ich habe keine Lust rauszugehen. Ich spüre einen Dreck. Schlitz mich auf, trete mich. Ich muss etwas spüren. Reiß mir die Augen aus, damit ich sehe.

. . .

Zu Hause ist es, als läge eine Schlinge um meinen Hals. Ich spüre es jedesmal, wenn ich weggehe. Ich fühle mich, als wäre ich gerade aus dem Gefängnis entlassen worden. Wenn ich zurückkomme ist es ein paar Tage lang okay, dann muss ich wieder weg. Zu Hause, zur Zeit klingt das wie eine Lüge. Telefon-Nutten-Lügner, Kalender-checkender-Lügner, die Geliebte auf Distanz halten, beim Abendessen Lügen erzählen. So sieht's aus zur Zeit und keiner kann mir weismachen, ich sei im Unrecht. Ich bin Nichts, ein Niemand. Ich bin zu Hause, leicht zu erreichen. Ich fühle mich wie eine Zielscheibe die nur darauf wartet, dass irgendein Idiot auf sie schießt. Mein Akku ist leer und ich werde von Minute zu Minute schwächer. Ich spüre es und es macht mich krank. Wie gesagt, ich bin ein Nichts. Ich bin zu Hause. Nur wenn ich unterwegs bin, fühle ich mich gut. Ich muss mich gut fühlen, die andere Scheiße ist doch gelogen, ich kann das nicht mehr länger aufrechterhalten. Hier, bei den anderen Idioten. Die an der Mauer aufgereiht stehen und darauf warten, dass jemand kommt und sie für einen Hungerlohn anheuert. Nicht ich, definitiv nicht. Aber kurz davor, ziemlich kurz davor und jede Minute die ich länger hier bleibe rückt es näher.

. . .

Ich bin früh aufgestanden und habe mich bemüht den Tag gut anzufangen. Ich war ein paar Stunden auf, dann bin ich wieder eingeschlafen. An Träume erinnere ich mich nicht. Ich erinnere mich nur an die Scheiße, die mich immer wieder aufweckte. Es ging um einen Faden. Einen Faden den du aus deinem Hemd ziehst und das ganze Gewebe löst sich auf. Als würde ein Fädchen aus deinem Kopf ragen, und wenn du daran ziehst fällt dein ganzes Hirn auf den Boden. Ein Stoffbeutel, in dem etwas drin ist, dann zieht jemand am Faden und das ganze Zeug fällt raus.

Dann dachte ich daran, mich umzubringen. Ich denke neuerdings oft darüber nach. Was mich am meisten daran aufregt, ist, dass diese Gedanken mittlerweile so rational scheinen. Das sind nicht mehr die Schübe eines Irren, es scheint eine einfache Art zu sein mit den Dingen, die mir zusetzen, umzugehen. Ich fürchte dieses Gefühl nicht mehr. Im Gegenteil, ich fühle mich deutlich besser wenn ich mich ihm stelle. Manchmal will ich einfach nicht hier sein, verstehst du, was ich meine? Ich weiß, dass jeder manchmal so denkt. Jeder. Ich heische nicht nach Aufmerksamkeit.

Ich nicht. Es ist nur so, dass es Sinn macht, grundsoliden Sinn. Ich meine damit, dass es Sinn macht, wenn ich allein in meinem Zimmer bin und nachdenken kann, dann weiß ich, dass es richtig ist und dass keine Notwendigkeit besteht, es der Welt mitzuteilen. Ich denke, eine Menge Leute fühlen so. Ich bin rumgekommen. Nicht, dass ich damit angeben will, aber ich habe eine Menge Leute getroffen und weiss, womit sie zu kämpfen haben. Ich habe dieselben Dinge gesehen, die du gesehen hast. Ich versuche nicht den großen Philosophen zu spielen, aber auf meine bescheidene Art habe ich eine Menge gesehen. Genug um zu wissen, dass die Welt in der wir leben ein beschissener Ort ist, und dass nichts Gutes dabei herauskommt, wenn ich hier noch länger rumhänge. So kommt es mir vor. Nicht immer zwar, aber trotzdem. Manchmal fühle ich mich auch gut. Manchmal vergesse ich die ganze Scheiße, die in meinem Kopf schwimmt. Das ist cool, das Blöde ist nur, dass es nur vorübergehend ist. Und am Ende lande ich wieder bei diesen Gedanken.

. . .

Ich gehe was einkaufen. Das erste was mich trifft, wenn ich ans gleißende Tageslicht trete, ist der Gestank. Auf dem Rasen überall Hundescheiße. Ich gehe die Straße lang und beobachte, wie die Homeboys mich beobachten. Ich kann nicht anders, ich muss sie direkt ansehen. Es kotzt mich an wenn sie mich anglotzen. Ich möchte ihnen am liebsten die niedlichen Köpfchen wegblasen. Ich biege in die Hauptstraße ein und gehe am Familienplanungscenter vorbei. Ein kaputter Heckenpenner sieht mich an, er winkt und nickt als ob er mich kennt, diese zufälligen Grüße führen immer zu einer Anmache um ein paar Cents. Ich gehe weiter. Überall Penner und Müll. Sieht aus, als hätte ein unbedeutender Krieg stattgefunden. Pennersoldaten. Im Gefecht verwundet, mit blutunterlaufenen Augen und langsamen, schlurfenden Schritten. Sie durchwühlen den Müll als fledderten sie Leichen. Ich gehe weiter. Die Schilder an den Geschäften sind fast alle auf Spanisch. Kleine Mexikanerkinder jagen schreiend an mir vorüber. In einer Einfahrt hängt ein Penner. Er stinkt so brutal, dass ich ihn schon auf drei Meter Entfernung rieche. Seine Finger sind vom Nikotin vergilbt. Ich atme ein, es ist, als rauchte man Crack. Mein Atem stockt. Ich biege um die Ecke, betrete den Laden und hole was ich brauche. Die Lady an der Kasse fragt mich, wie es mir geht, aber ich weiß, sie will es gar nicht wissen, deshalb antworte ich nicht. Diese Leute wecken immer den Vernichtungswillen in mir. Ich kann nur noch an Flammenwerfer und Zerstörung denken. Ich verlasse den Laden. Vor dem Shopping-Center sind diverse Bushaltestellen. Heruntergekommene Typen stehen da rum. Sie sehen aus, als seien sie auf dem Weg zur Arbeit, haben alle den leeren, hoffnungslosen Blick. Je kaputter sie aussehen desto länger müssen ihre Schichten sein, vermute ich. Ich gehe wieder an dem Penner vorbei und wieder trifft mich sein Gestank. Ich wende mich ab, schaue auf die Straße und sehe ein wunderschönes Mädchen auf einem Fahrrad. Sie hat lange blonde Haare und trägt ein blaues Tanktop. Ihre langen Haare wehen hinter ihr. Als sie vorüberfährt, schaue ich auf den Penner, dann wieder auf den Rücken des Mädchens, was für ein Anblick, was für ein Trip. Ich gehe zur Bäckerei um einen Laib Brot zu kaufen.

Die Schlange reicht bis vor die Tür. Ich drängle mich hinein und suche mir ein Brot aus. Die Schlange besteht aus zwei Gruppen; alten Mexikanern und alten Juden. Die Mexikaner sehen aus, als hätten sie in den miesesten Jobs die man sich vorstellen kann, gerade die Nachtschicht hinter sich. Sie warten schweigsam und geduldig, bis sie an der Reihe sind. Die Juden sind redselig, sie lassen sich darüber aus wie lang die Schlange ist, und wie merkwürdig das für diesen Wochentag sei. Sie sehen aus, als kämen sie direkt von einem Golfplatz in Miami. Die Männer haben die Hosen bis weit über die Hüften hochgezogen. Schließlich bin ich wieder draußen und gehe in mein Apartment zurück.

. . .

Hast du je daran gedacht, dass die Nacht hungrig sein könnte? Manchmal habe ich das Gefühl. Ich will mich nicht bewegen, denn wenn ich in Bewegung bin kann ich nicht mehr stoppen und werde in irgendeine verrückte Scheiße verwickelt mit der ich nicht umgehen kann. Aber es scheint, als wäre die Nacht beständig da, abwartend, über mir dräuend. So kommt es mir wenigstens vor, wenn ich nachts in diesem Zimmer bin. Ich sehne mich nach etwas, weiß aber nicht, wonach, und fühle mich so isoliert, doch gleichzeitig denke ich, ich könnte mit dem Kopf durch die Wand, wenn ich nur wollte. Egal was ich mache, ich habe das Gefühl, ich vergeude meine Zeit, statt mich auf das Wesentliche zu konzentrieren, bloß habe ich keinen blassen Schimmer, was das sein soll. Ich rede mir ein, etwas würde passieren. Ich weiß nicht was, aber es wird passieren ... Doch es passiert nie etwas, und ich wusste es eigentlich von Anfang an. Doch der Glaube, dass etwas passieren wird, macht mich ein bisschen lebendiger. Manchmal fühle ich mich überhaupt nicht so. Lebendig, meine ich. Manchmal sehne ich mich nach etwas, das so groß ist, dass es mich umhaut oder zwingt, etwas zu unternehmen. Ich sitze hier und höre den Lärm und die Scheiße von draußen und frage mich, ob irgend etwas davon mir gilt. Ob eines dieser Geräusche mir etwas sagen will. Ich höre intensiv hin, um nicht das Richtige zu verpassen. Was für eine Scheiße, aber ich weiß nicht, was die Scheisse ausmacht. Die Nacht ist die einzige Konstante. Doch das hilft mir im Augenblick auch nicht weiter.

. . .

Ich wollte, dass dies das wahre Ding wäre. Ich wollte, es wäre endlich die richtige Disziplin. Die Disziplin, auf die ich mich so gut vorbereitet hatte. Ich brauchte etwas, das real war. Ich sah wie alles um mich herum auseinanderfiel, die Leute in sich zusammensackten. Ich fragte mich, wie lange ich diese Lüge noch leben würde, wie lange ich mich gehen lassen und jemand anderen dafür verantwortlich machen würde. Schließlich habe ich die Wand durchstoßen. Als ob ein Junkie durch die vernarbte Haut sticht, die ihn am Drücken gehindert hat. Als ob man mit den Zähnen die Gebärmutter durchbricht. Es sind die Lügen, die mich umbringen. Der Mangel an Disziplin. Ich war auf dem besten Weg, mich umzubringen und merkte es nicht mal. Spürte es nicht. Die schmerzlosen Tage sind vorbei.

. . .

Von der Hoffnung leben ist als wäre man in eine Zelle eingesperrt, in die die Sonne so hell hereinscheint, dass deine Augen die Gitterstäbe nicht mehr erkennen. Sobald die Hoffnung dich blind und trunken gemacht hat haben sie dich am Arsch.

. . .

Ich lehne mich über das Geländer
Versuche, den schlimmen Nächten auszuweichen
Kann meinen Kopf nicht wieder ruinieren
Mein Kopf wird gegen eine glühende Wand gedrückt
Ich versuche durchzubrechen
Mein Kopf bringt mich um
Ich kauere in einer Ecke
Versuche, mich der Umgebung anzupassen
Was für eine abgestandene Lüge das ist
Ich versuche, nicht aufzufallen
Verstecke mich vor mir selbst
Ich gewinne und verliere das Versteckspiel
Ich hänge über der Kloschüssel
Suche nach der Sorge, in der ich mich ertränken kann
Manchmal wünsche ich mir, ich wäre kein so guter Lebensretter
Ich bin im Untergrund
Versuche, es mir bequem zu machen
Nützt nichts
Ich kann nichts vorspiegeln
Bis zum Beweis des Gegenteils bin ich am Leben

. . .

Gestern abend ging ich auf ein Konzert, um dem Tontechniker beim Aufbau der Anlage zu helfen. Was für beschissene Bands. Was für eine lahme Musik. Den ganzen Abend habe ich das Publikum beobachtet. Sonst konnte man nirgendwo hingehen. Das Einzige was ich tun konnte, war dazusitzen und mir diesen Scheiß anzuhören. Unzählige Male wollte ich einen Flammenwerfer nehmen und auf die Menge draufhalten. Die ganze Kacke abfackeln. Das war's. Eine dampfende Kacke. Das Einzige, was mir an dem Abend gefallen hat, war, dass die Leute sich endlich verpisst haben und die Knarren der Bullen. Ihre Schlagstöcke haben mir auch gefallen. Es wäre geil gewesen, einem von ihnen seinen Stock ins Maul zu rammen. Das Konzert fand in einer Uni statt. Diese Konzerte sind immer ein Witz. Unis haben etwas an sich das mich zur Weißglut treibt. Ich schätze, es ist das idiotische Wissen, das da verbreitet wird. Als würde man Schafe auf die Schlachtbank vorbereiten. Wenn ich durch eine Uni gehe ernte ich von den Studenten nur die komischsten Blicke. Ich frage mich, ob die einen Krieg überleben würden oder auch nur einen Nachmittag in einem üblen Viertel. Wenn hier einmal eine üble Scheiße abgehen würde, bin ich sicher, dass sie ausgezeichnete Kriegsgefangene abgeben würden; gehorsam und brav. Wenn ich durch eine Uni gehe kriege ich das Gefühl, dass die Typen sich auf Kosten ihrer Eltern einen Lenz machen. Aber ich schätze, das muss wohl so sein.

Die Musik, was für eine Kacke. Total hohl. Die Vorgruppe nannte sich Guns and Roses und sie stahlen dem Headliner so brutal die Show, dass es erbärmlich war. Selbst der Beifall nach einem Song war hohl.

Immerhin, das macht Sinn. Publikum und Band auf der gleichen Wellenlänge. Irgendwie deprimierend, dass so das Zeug klingt, das diese Typen abends in ihren Zimmern abspielen. Was für ein beschissenes Zuhause. Ich war so froh, als die Leute endlich gingen. Es machte richtig Spaß, die Anlage abzubauen und abzuhauen.

Manche Bands gehen vielleicht eine Zeitlang als ›alternativ‹ durch, aber wenn ihre Musik was taugt werden sie in den Mainstream gesaugt und dann stehen sie mit heruntergelassenen Hosen da. Nichts zerstört die guten Seiten einer Band so gründlich wie ein bisschen Erfolg, besonders dann, wenn sie von Anfang an mit wenig gestartet ist. Die meisten Bands haben heutzutage kein Fundament. Trotzdem werden manche ›alternative‹ Bands echt beschissen, und trotzdem nagelt sie keiner an die Wand. Das ist das Beschissene und Verkommene am Musikbiz, alles nur Mist, egal auf welcher Ebene. Man muss den Haufen finden, der am besten stinkt.

Ich habe mich entschieden, das zu tun, was ich will, und mich nicht mit einer Horde leerer Fratzen, die um irgendwelche Pokale wetteifern, ins Rampenlicht zu drängen. Bands die zerstören und die Welt ficken wollen, sind Geschichte. Die Welt gehört in den Arsch getreten.

. . .

Ich will eine Knarre. Die Hitze klebt mir mein Gehirn an die Schädeldecke. Ich habe Durst. Ich brauche es so dringend, dass ich die Wände hochgehen und mit den Nägeln den Putz abkratzen möchte. Ich wünschte ich könnte mir selbst den Schädel einschlagen. Dann müsste ich nicht mehr denken. Nichts mehr wissen. Eine nackte Glühbirne an der Decke, so kommt mir mein Gehirn vor. Heiß und hohl. Ich wünschte, ich könnte die Wände niederbrüllen. Ich kann nicht brüllen. Ich kann mich kaum bewegen. Heißer Knastbruder. Wenn ich die Arme fest genug um meinen Leib schlinge, kann ich vielleicht meinen Brustkasten eindrücken. Nein, ich komme hier nicht raus. Ich komme aus dieser Nacht nicht raus. Ich komme aus diesem Gehirn nicht raus. Das Gehirn, in dem ich stecke. Knast, Bastard, Wichser, Selbstverstümmler. Ich bin alle Verbrecher. Wenn ich nur einen Ausweg fände. Wenn ich Leben verströmen könnte statt immer nur Tod. Dann käme ich schmerzloser hier raus als die anderen. Ich habe nicht den Mut um abzutreten wie du.

. . .

Hier spielt sich ein kleiner Krieg ab. Gerade höre ich, wie ein Krankenwagen um die Ecke biegt. Was ist es heute Nacht? Der Sohn, der seine Mutter die Treppen hinuntergetreten hat? Der Vater, der seine Frau mit dem Telefon erschlagen hat? Das Baby, das von seiner Mutter vergessen wurde, weil die Drogen so doll waren? Man weiß es nicht. Man weiß es nicht ehe es einen nicht selbst erwischt und dann will man's nicht wissen. Vielleicht bin ich morgen dran. Ich bau Scheiße, gehe auf der falschen Straßenseite und jemand erteilt mir eine Lektion. Dann kommt der Krankenwagen und ich bin für eine Weile der Star. Oh, schon wieder eine Sirene. Heilige Scheiße, die purzeln wie die Fliegen da draußen. Morgen ist wieder ein Tag.

Du packst deine Vesper in die braune Tüte, vergewisserst dich, dass deine Knarre geladen ist und machst, dass du zur Arbeit kommst. Du willst nicht zu spät kommen.

. . .

Ein Mann sitzt in einer Gefängniszelle. Lebenslänglich. Er will nicht mehr leben. So wie er jetzt lebt, heißt das keine Frauen, keine Sicherheit, kein Leben, kein Garnichts. Den Rest des Lebens hinter Gittern darauf warten, dass man stirbt. Er will das nicht. Er will sterben, besser tot sein als Gott weiß wieviele Jahre im Loch. Jeden Tag sucht er nach Möglichkeiten sich umzubringen. Nachdem er versucht hatte sich mit seinen Schnürsenkeln zu erhängen, haben ihm die Wachen alles nur Erdenkliche abgenommen. Die Wachen sind begeistert wenn sie einen Typen kriegen der sich umbringen möchte. Sie wissen, dass sie dem Mann furchtbare Schmerzen zufügen können, indem sie ihn am Leben halten. Sein Leben interessiert sie nicht, sie genießen das Ausmaß an Schmerzen, das sie jemandem zufügen können. Je mehr sie sein Leben verlängern, desto stolzer gebärden sie sich. Sie wissen genau, dass der Mann irgendwann einen Weg finden wird sich umzubringen. Stell dir vor du willst den Tod mit der selben Macht wie du deine Freiheit möchtest. Du würdest alles tun! Stell dir vor, den Tod so sehr herbeizusehnen. Stell dir Tod als Freiheit vor. Würdest du nicht die Männer hassen, die dir deinen Tod verweigern, deine Freiheit? Die ganze Nacht lägest du allein auf deiner Pritsche und würdest so über deinen Tod nachdenken wie man an eine ferne Geliebte denkt. Du würdest vermissen, was du nie hattest. Du würdest einen Weg finden, dich umzubringen. Du würdest. Irgendwie würdest du sterben. Manche sterben innerlich, die Wachen riechen das auf eine Meile Entfernung, sie wissen wenn ein Mann innerlich tot ist. Dann lassen sie ihn in Ruhe, sehen zu, wie er den Haien zum Fraß vorgeworfen wird.

So fühle ich mich manchmal. Innerlich tot. Ich sehe in den Spiegel. Ich sehe tot aus, meine Augen sind müde und leer. Manchmal wenn ich die Straße entlang gehe, denke ich, dass niemand mich sehen kann. Dann frage ich mich, ob ich tot bin. Ich fühle mich wie ein bodenloser Schlund. Wie eine riesige Müllgrube. In die man alles Mögliche reinwerfen kann, die aber nie voll wird. Aber was man hineinwirft, verschwindet für immer. Wie zum einen Ohr rein und zum anderen raus, bloß rein und runter. Da bin ich jetzt. Ich bin ein Nichts und vergeude die Zeit, ohne den Mut, mich nach drinnen, draußen, oben oder unten zu bewegen. Mein Lied. Meine Henkersschlinge. Meine Grüne Meile. Ich bin nicht echt, sondern künstlich. Ich dachte mal, ich hätte es drauf. Ich hätte es fast geschafft, aber jetzt hänge ich in der Luft. Ein kalter Lufthauch aus dem Todeszellenflur bewegt meinen Körper. Hin und her; Tag für Tag. Das Leben hat nichts, wofür es sich zu leben lohnt, nicht für mich. Ich habe alles versucht was einen angeblich lebendiger macht und bin fast dabei draufgegangen. Einmal habe ich Glück gehabt.

. . .

Wenn das, was ich sage, dich abstößt
Heißt das nur, dass du nichts mit mir gemein hast

Du und deine zerbrechliche Realität
Deine milde Unzufriedenheit
Deine künstliche Sanftmut
Ich mag die Art, wie du mich anschaust
Die eingeübte Ungläubigkeit
Glaubst du, ich denke mir das aus?
Du musst den Verstand verloren haben
Ich hatte in meinem Leben
keinen originellen Gedanken
Sie stammen alle von dir
Ich schulde sie dir
Du gehst draußen vorbei und verschließt die Augen
Wenn sie dich einholt und sich in deiner Kehle
verbeißt
Tut die Wahrheit weh
Nichts kann diese Vision eintrüben
Nichts kann diesen Zug aufhalten

. . .

Wenn es um mich geht, habe ich immer Recht
Früher dachte ich, dass die Menschen mir im Weg
sind
Bis ich merkte, wie wenig sie mit dem zu tun haben,
was ich tue
Ich lebe in meiner eigenen Welt

. . .

Ich fahre mit dem Bus. Höre das Gequatsche der Jungs, die hinter mir sitzen. Reden irgendeinen Scheiß, dass sie auf einer Party waren, und der eine wird ganz hitzig, wie geil die Braut gewesen sei als er sie im Whirlpool genommen habe, und wie weich, und dass ihr Freund im Zimmer nebenan war und ganz eifersüchtig und so geworden sei. Der andere Typ sagt ja, er wisse, dass die Braut cool sei, er habe es letzte Woche mit ihr getrieben. Dann reden sie über die Schlägereien, die sie letzte Woche veranstaltet hatten, und ich ticke fast aus. Sie erzählen sich gegenseitig, wie der eine Typ ne Kette an den Schädel bekommen habe und wie ein anderer so verschrammt gewesen sei, dass er seinen Eltern habe erzählen müssen, er sei die Treppe runtergefallen. Diese ganze Scheiße spielt sich direkt hinter mir ab. Ich hatte zu viel Schiss mich umzudrehen und die Typen anzukucken. Ich dachte, dann krieg ich auch auf die Fresse. Das Komische war, die sprachen alle mit kalifornischem Akzent. Sie quatschen über Sex und Gewalt und es klingt, als wären sie ein paar reiche Surfer. Also hoffe ich verzweifelt, die Typen würden aussteigen, bevor sie auf den Gedanken verfallen, mich aufzumischen. Zwei Haltestellen später stehen sie auf um auszusteigen. Sie gehen an mir vorüber und würdigen mich nicht einmal eines Blickes. Du kannst deinen Arsch drauf wetten, dass ich sie ausgecheckt habe. Ich wollte es nicht glauben. Ein paar fette Halbstarke in New-Wave-Klamotten, denen man ansah dass sie eine Menge Geld kosteten. Den Letzten, der ausstieg, werde ich nicht vergessen. Dicke Brillengläser, fetter Arsch, er trug eine Jeansjacke auf deren Rücken er mit Filzstift ›The Cure‹ geschrieben hatte. Was verdammt noch mal ist mit diesen Typen los? The Cure? Ich wette, wenn diese Kiddies die Hausbar ihrer Eltern plündern nehmen sie sich das Lite-Bier. Was ist bloß aus den Jungkriminellen geworden? Es ist zu spät, denke ich. Es sollte ein

Gesetz geben. Niemandem unter fünfundzwanzig sollte niedrigprozentiger Alkohol verkauft werden dürfen. Nur hochprozentiges Starkbier oder Whiskey. Wer Lite-Beer kaufen will muss über vierzig sein und seinen Ausweis vorlegen können. Genau.

. . .

Die Palmen lassen es wie eine Lüge aussehen
Dank ihnen sehen die Straßen aus wie eine Filmkulisse
Penner und Palmen
Müll und Palmen
Vollgepisste Flure, vollgekotzte Treppen
Und Palmen
Wie auf einer Postkarte
Es sollte eine Postkarte geben
Mit einem toten Gangmitglied
Wie er in einer Blutlache liegt
Sein Kopf am Fusse einer Palme
Das Wüstenghetto
Hunde heben das Bein und pissen an die Palmen
Palmen vor dem Haus eines Stars
Jeder kann sie haben
Die abgetrennten Gliedmaßen von Barbra Streisand
Über den Vorgarten verteilt
Ihr fetter Kopf ruht auf einem Palmwedel
Ihre verwirrt schielenden Augen blicken nach oben
In die warme kalifornische Sonne

. . .

Die Penner in Venice sollten sich zusammentun und eine Gang bilden. Sich Aufnäher besorgen und auf ihre schmutzigen Jacken heften. Als Aufnahmeprüfung müssten sie sich in die Hosen pissen und scheißen. Die sie dann eineinhalb Jahre nicht wechseln dürften. Sie könnten sich mit anderen Pennerbanden auf den Parkplätzen am Pier prügeln. Sich voreinander aufbauen und die Touristen anschnorren. Die Gang, die am Ende der Nacht am meisten Schotter eingesammelt hat, hätte gewonnen. Oder auch die, die im frühen Morgenlicht am fertigsten aussieht.

. . .

Hast du schon mal das Gefühl gehabt, dass die Zeit davonläuft? Schneller, als du denken kannst, schneller, als du dir vorstellen kannst? Kennst du das Gefühl, wenn du in den Armen deiner Liebsten liegst und eine Menge Zeugs brabbelst das für den Moment richtig klingt, du aber weißt, morgen siehst du das alles ganz anders? Und obwohl du das weißt, redest du aus irgendeinem Grund weiter, du weißt nicht warum, und fragst es dich auch nicht, weil du so in Scheiße verfangen bist, die dich blind macht?

Hast du schon mal das Gefühl gehabt, dass dich jemand totquatscht, deine Zeit mit Unfug und Lügen verschwendet, die sich gut anhören? Kennst du das Gefühl? Kennst du es? Wirklich? Glaubst du, dass du ewig lebst? Schon mal dran gedacht, dass der Tod aufholt, während du deine Zeit verschwendest? Nicht der Tod, der dich nicht berührt, der Tod in einem Film, einer Zeitschrift oder sonst einer Scheiße, für die du dein dreckiges Geld rausschmeißt, sondern dein Tod. Der wahre Tod, der dich das Leben kostet. Hast du jemals das Gefühl, dir fehle die Luft zum Atmen? Als laste etwas auf deiner Brust? Hast du schon mal das komische Gefühl im Magen gehabt, dass es eher früher als später vorbei ist und der Tod mit jeder Stunde, mit jeder Minute, mit jeder Sekunde näher rückt? Kennst du das Gefühl, das dir die Luft zum Atmen geraubt wird? Hast du das Gefühl, rennen zu müssen, bis du in Flammen aufgehst und explodierst? Ich kenne dieses Gefühl.

Ich habe eine Stoppuhr im Hirn. Ein Todestripmännchen im Ohr. Ich habe eine Vision im Nacken, teils Tier, teils Maschine, die mir die Sporen gibt und schreit: »Schneller, du Idiot, die Sonne geht auf!«

. . .

Heil dem aufgehenden Licht. Atme Feuer. Heil dem aufgehenden Licht. Zerreiß dein Fleisch. Seele in Flammen. Seele in Flammen. Seele in Flammen. Heil dem aufgehenden Licht. Die Zeit läuft ab. Die Zeit entzündet die Sonne. Die Zeit verbrennt meine Seele. Die Zeit frisst mein Hirn. Die Zeit bringt mich um.

. . .

Hast du schon mal das Gefühl gehabt, es gäbe keinen Ausweg mehr? Die Welt erdrückt dich. Die Wände, an denen deine Lieblingsbilder hängen, werden deine Feinde. Erstickung. Alles, jeder Gedanke, jede Bewegung, wird zu einem Messer, das dein Gesicht aufschlitzt. Du glaubst, dass das Leben ein schmutziger Trick ist. Ein überraschender Schlag in die Fresse. Während du darauf wartest, besser atmen zu können, prasseln die Hiebe. Du musst aufpassen, weil du andauernd gegen Sargwände läufst. Du drehst dich um und etwas sagt dir: Atme nicht, denke nicht, beweg dich nicht. Mach nichts, das dich daran erinnern könnte, dass du lebst. Vielleicht bist du dann okay. Zumindest solange, wie dein Herz braucht, um einmal zu schlagen. Schließ nicht die Augen. Zwinker nicht mal. Du willst keinen Augenblick davon verpassen.

. . .

Öffentliche Person; nackt, entblößt, von Augen verschlungen, von der Erinnerung verschlungen. Die Schweine suhlen sich im Dreck. Sie gehen nie allein nach Hause, bis sie eines Tages feststellen, dass sie völlig allein sind. Dann fallen sie auseinander wie eine Desintegrationsmaschine. Besser, du stellst dich dem Alleinsein ehe es zu spät ist. Ehe du zur Hure wirst. Ehe du von ihren kleinen Stimmchen abhängig wirst, die kleinen Stimmchen, die kleinen Schweinsäuglein, die dich anstarren. Hure. Abhängig von ihren Bedürfnissen. Selbstzerstörerisch. Du schnürst ab und gibst die Nadel weiter ohne sie zu benutzen. Du bist zu beschäftigt, ihnen zuzuhören. Auf sie aufzupassen. Dich für sie umzubringen. Du kriegst, was du verdienst. Du hast dich entschieden, ihnen zu dienen. Als würdest du dich selbst bestehlen. Aber das geht in Ordnung, du bist sowieso einen Dreck wert, der Verlust ist nicht so groß.

. . .

Mein Hirn ist ein billiger Sozialpalast. Schau dir die Leute an, die einziehen. Schau sie dir an, kenne ich dich nicht irgendwoher? Kann ich rüberkommen wenn der Strom ausfällt? Wenn ich 'ne Tasse Zucker brauche? Die ganze Zeit wusste ich nicht, dass diese Leute mich von Anfang an mochten und ich denke auch nicht dass sie es tun, aber es scheint dass die Miete günstig ist, selbst wenn es ständig laut ist. Die ganzen Nachbarn, Wagenladungen voller Nachbarn. Muss ich aus meinem Hirn ausziehen, um ein paar eigene Träume zu haben? Sieht so aus. Ich muss ausziehen, damit ich mich hinsetzen kann und ein paar Sachen auf die Reihe kriege. Ich sage dir, die Leute die hier Scheiße bauen sind mir eigentlich egal, aber ich wünschte, sie würden mir nicht in den Genpool pissen.

. . .

Genau, genau, jetzt erinnerst du dich an mich. Ich bin der Typ mit der Knarre, der neulich alle deine Freunde umgelegt hat. Ich bin bloß rüber gekommen um euch Arschlöchern zu sagen, dass ich eine neue Knarre gekauft habe. Ein wahres Schätzchen. Ein Gewehr, um genau zu sein, mit Zielfernrohr, und der Verkäufer hat mit versichert, aus der Entfernung, aus der ich schieße, würde es fette Löcher in eure Ärsche blasen. Deshalb dachte ich, es wäre echt cool von mir wenn ich rüberkomme und euch sage, dass wenn ihr noch mal mitten in der Nacht so eine Scheiße veranstaltet, ich nicht wie sonst rauskommen und mich beschweren werde. Nee, ich bin auf 'nem neuen Trip. Ich werde euch alle von dem Fenster da oben abknallen, kapiert? Ich werde euch durch mein Zielfernrohr beobachten, ihr Arschlöcher. Gute Nacht.

. . .

Abends schwillt draußen der Lärm bis zu dem Punkt an, an dem alle einander anschreien. Ich warte auf den Schuss, den Schrei, die Sirene, etwas, das mir sagt, dass jemand der Kragen geplatzt ist. Es passiert nie. Ich wünschte es gäbe einen Plan an dem ich mich orientieren könnte. Dann würde ich zu Hause bleiben, damit ich nicht verpasse, wie die Männer die Leiche aus der Wohnung gegenüber abtransportieren, oder wie sich zwei Typen mitten auf der Straße voreinander aufbauen und sich die Scheiße aus dem Leib prügeln. Dann ließe sich der verdammte Lärm besser aushalten. Ich schätze, das würde in dieser Gegend eine Menge Spannungen lösen. Ich sehe es ja an mir selbst, die ganze Nacht muss ich diesen Arschlöchern zuhören, wie sie rumbrüllen, als würden sie bei lebendigem Leib verbrannt. Drei Uhr morgens und diese Typen drehen ihre beschissene Musik auf und quatschen Mist. Spannung, ja, die Spannung muss abgelassen werden. Am liebsten würde ich mir eine Knarre besorgen und sie vom Schlafzimmer aus abknallen. Das nenne ich angespannt.

Das ist das Problem. Alles angespannt, nichts löst sich. Kein Feuer. Kein Bumm Bumm Bumm. Warum kriegen die Typen nicht mal richtig Ärger mit den Bullen. Die ganze Zeit kreist der 'Copter über dem Viertel, aber nie machen die was. What the fuck. Wieso kann nicht einer dieser SWAT-Typen aufs Dach klettern, so einer wie dieser Hondo aus der Fernsehserie. Ich sehe ihn förmlich vor mir, wie er – Basecap verkehrt herum und Kippe im Mundwinkel – die kleinen Scheißer auf dem Nachhauseweg von der Schule einen nach dem anderen ausknipst. So was passiert hier nie. Alles, was wir haben, sind diese übergewichtigen Sozialarbeiter, die vorbeischauen, 'ne Weile abhängen, sich ihre Drogen besorgen und sich wieder verziehen. Ich plädiere nicht für Tod und Zerstörung, na ja, ich schätze, das tue ich, aber was soll's. Nur Scheiße und keine toten oder verstümmelten Arschlöcher, das macht Jack ganz stumpfsinnig und angespannt.

. . .

Schubs sie herum. Hast du noch nie das Bedürfnis gehabt, sie alle kalt zu machen? Ich spüre es die ganze Zeit. Ich knirsche mit den Zähnen, das Essen kommt mir hoch. Sie zwingen meine Augen zu hassen. Wenn ich sie sterben sehe fühle ich mich gut. Fühle ich mich wieder lebendig. Wie neu geboren. Ich bin halb Tier, halb Maschine. Spürst du, was ich sage? Spürst du es? Du spürst es. Ich weiß wie du tickst. Ich kenne das alles in- und auswendig. Ich sags dir. Ich glaube, ich explodiere. Hast du jemals das Bedürfnis gehabt, dein beschissenes Gesicht abzureißen? Es zu verbrennen und den Schmerz zu spüren, der davon kommt, dass man an einem Ort wie diesem lebt? Ich wünschte, du könntest diesen Ort inmitten eines Feuersturms erleben, denn es würde so gut tun, wenn sie alle lodern würden wie die Fackeln.

. . .

Sich im Vakuum verlieren, ich bin ein einsamer Mensch. Fühle mich fies und ärmlich, wenn ich durch deine Augen falle. Verirre mich ständig, dann sieht es aus, als wäre das alles zu viel. Rausgeschmissen, aufgeschlitzt, fertig gemacht, während ich meinem Glücksstern danke, dass ich wenigstens noch meinen Namen weiß. Letzte Nacht kam ich nach Hause und da fiel es mir wie Schuppen von den Augen. Dies ist kein Zuhause. Zuhause gibt es nicht. Das ist Fakt. Das Surfbrett auf dem Scheißmeer. Das krieg ich nicht aus dem Kopf, das kriegst du nicht aus dem Kopf, es fließt wie ein Fluss durch mein Hirn, alle Lichter gehen an und ich sehe jede Menge Scheiße die ich vorher nicht gesehen habe, die Sicherungen brennen durch, bis ich den Zustand erreicht habe in dem ich leben kann, inmitten von Hornochsen, Hirnlosen, Killern, Wichsern und all den anderen die den Test nicht bestanden und das Bedürfnis haben, mir den Finger zu zeigen, als wollten sie mir etwas schenken obwohl ich nicht Geburtstag habe, und am Ende wird alles unter den Teppich gekehrt, dass du nicht mehr sehen kannst, dass exakt hier jemand abgekratzt ist, jemand, der den Faden verloren hat und vergessen wurde, und ich sage dir, manchmal möchte ich meinen Namen vergessen.

. . .

Manchmal möchte ich mir eine riesige Knarre besorgen und mir das Hirn wegblasen. Keine beschissenen schwarzen Träume mehr, die mich in der brennenden Nacht zerreißen. Ich will ein schwarzes Loch in mein Gesicht sprengen. Groß genug um die Hand durchzustecken. Ich möchte nicht daran denken müssen, wie ich mich danach fühle. Bis ich das herausfinde, gibt es nichts mehr, über das ich mir Sorgen machen müsste. Ich gehöre nicht zu denen, die aus allem ein Riesending machen. Ich würde es allein in meinem Zimmer machen. Kein Abschiedsbrief. Kein Geschrei aus dem

Fenster. Nichts, was dazwischenkommt. Ich habe mich so lange selbst belogen, jetzt muss ich die Wahrheit erkennen. Das schwarze Loch sehen. Mit der Wahrheit den Raum durchmessen. Ich brauche die Wahrheit, um die Lügen auszurotten, die ich mir eingeredet habe. Ich halte es nicht mehr aus. Keine Träume mehr. Keine Gedanken. Keine Fragen nach dem Warum. Ich habe es satt. Ich habe es satt, Ausreden zu erfinden. Ich habe es satt zu lügen, mich auf faule Ausreden zu stützen. Die Lügen machen mich krank, und ich will nicht mehr krank sein.

. . .

Sie verbarg etwas vor mir. Ich schaute ihr in die Augen. Sie standen vor etwas, das ich nicht sehen sollte. Ich riss ihr die Augen raus und sah in die Löcher. Da war nicht viel zu sehen. Ihr Geheimnis war wertlos. Sie war wertlos, bedeutete sich nichts. Sie hatte sich schon vor Wochen aufgegeben. Sie konnte es mir nicht sagen. Sie war innerlich leer und verbarg ihre Leere vor mir. Versuchte mir etwas vorzumachen. Sie wusste, wenn ich es herausfände, wäre ich weg. Sie würde mit ihrer Leere allein sein.

. . .

Es war kalt und wüst um mich. Was mich betraf, waren die Häuser voller Schweine. Ich musste nach drinnen finden, ehe ich mit all diesen Schweine-Typen eins wurde. Ich komme nicht raus. Ich will nicht jemandes bezahlte Geisel sein. Ich will nicht der Nagel sein für eine Horde hammerschwingende, affenkostümetragende, dünnblütige Neurotiker. Dafür bezahlt, langsam zu verrecken; bleierne, hirntote, fahnenschwenkende, fernsehsüchtige, gottesfürchtige Idioten. Nein, ich nicht.

. . .

Ich nahm die U-Bahn nach Foggy Bottom. Hinter mir hörte ich, wie ein Kid sagte:
Ich will töten!
Ein Mann sagte:
Klar, aber in Europa?
Ich stieg zusammen mit zwei fertig aussehenden Asiatinnen aus. Eine hatte das Gesicht voller Narben. Mit ein paar andern betrat ich den Aufzug und stieg auf zum Licht. Ich stand hinter der Frau mit der pinkfarbenen Hose. Die Hose reichte nur halb über ihre Arschritze. Ich schaute mich um. Alle starrten auf ihren Arsch. Sie gehörte zu einem gutgebauten Schnösel. Slipper, Khakihose, Krokodilhemdchen, Kennedyfrisur. Er schaute sich um und sah, dass wir starrten. Als sie aus dem Aufzug ausstiegen legte er den Arm um sie. Wir nahmen dieselbe Straße, aber in unterschiedliche Richtungen. Der Mann und ich schauten uns um, unsere Blicke trafen sich. Ich winkte, er nicht.
Zu angespannt.

. . .

Ich ging die Straße entlang. Entdeckte einen goldenen Mercedes dessen Warnblinkanlage an war. Ein Mann und eine Frau saßen drin. Zwei schwarze Typen kamen auf den Mercedes zu. Als sie ihn erreichten, brüllte einer von ihnen etwas und schaukelte den Wagen, indem er mit dem Fuß die Stoßstange auf und ab drückte. Der andere stand daneben und sah zu. Der Typ löste sich von der Stoßstange und packte den Stern, als wollte er ihn abreißen, lässt ihn aber wieder los. Er geht zur Beifahrertür, greift durchs Seitenfenster, und als er den Arm wieder herauszieht, hat er eine Art Halskette in der Hand. Dann geht er wieder zum Kühler und schaukelt das Auto. Packt wieder den Stern und reißt ihn ab. Schleudert ihn über die Straße, wo er auf einem Dach landet. Er geht wieder zur Beifahrerseite und schreit etwas hinein. Dann wendet er sich ab und er und sein Kumpel gehen weiter.

. . .

Ich bin erschöpft, kann aber nicht schlafen. Jedesmal wenn ich die Augen schließe flimmern gleißend weiße Sterne zwischen Pupillen und Lidern. Mein Körper verkrampft und zuckt zurück, um den Sternchen auszuweichen. Mein Rückgrat ist ein Tier, das meinen Körper besetzt. Meine Zähne malmen aufeinander. Als ich es bemerke, lockere ich den Biss. Kurze Zeit später knirsche ich wieder mit den Zähnen. Mein Magen ist ein harter Knoten. Ich schwitze, meine Achselhöhlen und meine Schamgegend jucken. Ich möchte schreien, aber ich befürchte, ich würde mich zu Tode erschrecken. Mein Herz schmerzt, ich warte darauf, dass der nächste Schlag mir das Herz in die Luftröhre jagt. Mein Kopf schmerzt, er fühlt sich doppelt so schwer an, als würde er gleich explodieren. Ich kann es förmlich sehen, wie er aus meinem Schädel schießt, durchs Zimmer fliegt und gegen die Wand knallt.

Er zog seine Kleider aus, legte seine Uhr ab und warf sie auf einen Haufen im Wohnzimmer. Er ging ins Bad. Er stromerte über den Flur und wartete darauf dass die Badewanne voll wurde. Er wollte das Bad nicht betreten, ehe die Wanne voll war. Das letzte Mal, als er das versucht hatte, jagte ihm das Gesicht im Spiegel solche Angst ein, dass ihn der Mut verließ. Die Wanne lief voll. Er ging ins Bad und vermied es, in den Spiegel zu sehen. Er nahm die Rasierklinge und setzte sie ans Handgelenk. Er holte tief Luft und drückte. Der Druck auf die Haut ließ ihn innehalten. Er hatte keine Angst zu sterben, er wollte es. Er fürchtete den Schmerz und das Blut, das er zu sehen bekommen würde. Wieder legte er die Rasierklinge ans Handgelenk und schloss die Augen. Drückte fest und gleichmäßig. Zog die Klinge vom Gelenk bis zur Armbeuge. Der Schmerz war nicht so heftig wie er erwartet hatte. Es war ein tiefer, pochender Schmerz, den er in der Brust und im Kopf spüren konnte. Die Klinge fiel ihm aus der Hand. Seine Knie gaben nach. Er fing sich am Duschvorhang, der zu seinem Erstaunen nicht nachgab. Er stieg in die Wanne und legte sich nieder. Sein Atem ging schwer, die Luft fühlte sich dick an, wenn er sie einsog. Er betrachtete den Wasserhahn und den Seifenhalter. Die Luft wurde schwerer. In der Küche klingelte das Telefon. Er lachte und stieß einen langen Seufzer aus. Seine Augen waren geschlossen, sein Kopf fiel nach vorne bis sein Kinn auf dem Brustbein ruhte.

. . .

Ich verstehe dich nicht. Ich glaube nicht, dass ich dich jemals verstanden habe. Jahrelang habe ich es versucht. Und bin genau so weit wie am Anfang. Es schmerzt mich nicht, aber ich wundere mich. Damals hatte ich offene Wunden und einen leeren Kopf. Wenn ich heute an dich denke komme ich zu dem Schluss, dass ich mich nicht groß verändert habe.

. . .

Ich habe Dreck unter den Nägeln von dem Loch, das ich mir gegraben habe. Wenn sie mit mir sprechen, kriegen sie eine Imitation von mir. Meine Hände sind wie Gummihandschuhe. Sie schütteln mir die Hand, aber sie berühren mich nicht. Wenn ich auf sie zugehe ist es, als trüge ich ein Schild um den Hals auf dem steht: Zerstöre mich. Wenn ich auf jemanden zugehe werde ich immer das Opfer eines gemeinen Scherzes. Jetzt bin ich für Zerstörung; ich denke, das geht schon in Ordnung, aber eigentlich möchte ich es lieber mir selbst antun.

. . .

Mann in der Abwärtsspirale. Eingedrückte Stirn, stumpfer Blick. Ich reiße ihm die Kehle auf. Ich stoße ihn. Er fällt und hinterlässt eine Abgaswolke.

. . .

Sie hob den Finger. Seine Porzellanmaske fiel herab und zersprang in tausend Stücke. Sie schaute in das Gesicht, das sie nie zuvor gesehen hatte. Sie ging davon und ließ ihn mit den Scherben zu seinen Füßen zurück.

Florida Highway 1986. Einsamer Slum. Ich fuhr auf armseligen Rädern hindurch. Draußen war es heiß. Hütten, Tankstellen die außer Betrieb waren, brache Maisfelder, Kinder am Straßenrand, von der Hitze stumpfsinnig. Zwei Mädchen winkten als ich vorbeifuhr.

. . .

Die Sonne scheint auf meine Straße. Ich lebe auf der Sunset Avenue. Die Drogendealer halten auf dem Parkplatz gegenüber eine Versammlung ab. Sie fahren Cadillacs und BMWs. Die kleinen Kinder schauen schweigend und ehrfürchtig zu. Um die Wahrheit zu sagen, mich haut das auch vom Hocker. Die Typen sehen cool aus, mit ihren Goldketten und Luxuskarossen. Die Hände locker am Lenkrad. Heute am Lenkrad, morgen an den Gitterstäben des L.A. County-Knasts.

. . .

Klarer blauer Himmel, Palmen, frische Brise, schöner Sonnenuntergang. Schwarze Jungen in coolen Klamotten verkaufen auf meiner Straße Drogen. Als ich letzte Nacht aus dem Wagen stieg kam einer von ihnen auf mich zu und fragte: »Brauchste was?« Ich deutete auf mein Apartment und erwiderte: »Nein, ich lebe hier.« Er lächelte und sagte: »Schon gehört.«

. . .

Die Fliege kroch über meine Fensterscheibe. Ich zerquetschte sie mit der Jalousie. Sah zu, wie sie weiterkroch und ihre Eingeweide hinter sich herschleifte, die eine kleine schleimige Spur hinterließen. Nein, ich habe es nicht mit der Zunge aufgeleckt. Du kennst mich eben doch nicht so gut wie du dachtest. Ich sah nur zu wie sie weiterkroch, bis sie zu schwach war ihre Eingeweide zu schleppen. Was für eine Art zu sterben. Keine Klagen, kein Wimmern um Gnade. Kein Geschrei nach Mama. Kurz darauf beobachtete ich durch das Fenster die Dealer auf der anderen Straßenseite. Ich sah die Fliege wieder. Sie klebte immer noch mit ihren Eingeweiden an der Scheibe. Eine andere Fliege fraß sie auf. Ich wünschte ich könnte auch so sein. Meine Freundin bläst sich auf dem Klo das Hirn weg und ich bringe ihre Leiche in die Küche und ernähre mich wochenlang davon. Du weißt, dass ich das nicht könnte. Ich hätte nicht den Mut dafür. Ich musste wieder an die Fliege denken und ihren Kumpel, der über ihr stand und sich durchfraß. Die Fliege ist cooler als ich.

. . .

Hallo Mom, hörst du mich? Over. Ja, Sohn, sprich. Over. Mom, der Himmel ist jetzt richtig rot, und das Einzige was man riecht ist Benzin. Wenn man all die Toten ansieht, könnte man sagen, wir sind in einer Art Hölle. Die Hubschrauber sind so laut, man versteht seinen eigenen Gedanken nicht, was o.k. ist, weil so die schlimmen Gedanken ausgeblendet werden. Nichts woran man denken könnte, außer den Tod. Er ist noch nicht da, aber ich glaube, es ist nur noch eine Frage der Zeit. Over. Das ist ein riesiges 10-4. Over and out.

. . .

Die Mexikaner auf ihren Fahrrädern
Ich sehe sie immer, wenn die Sonne untergeht
Wie sie langsam die Straße runterfahren
Wenn sie zur Arbeit fahren, schlafe ich noch
Sie fahren immer abgewrackte Rennräder
Manchmal holen sie im Laden
Ein Sixpack Budweiser
Und schlängeln sich dann einhändig durch den
Verkehr
Manchmal kann ich ihre Augen sehen
Sie blicken immer so stumpf und stoisch
Stunden harter körperlicher Arbeit haben ihnen den
Glanz geraubt
Manchmal denke ich, ich sehe stets denselben Typen
Ich könnte in Redondo, Hermosa, Torrance, Venice
sein
Es wäre egal
Ich sehe immer denselben Mexikaner
auf seinem mitgenommenen Rennrad
Wenn ich ihn sehe, muss ich
an überfüllte Wohnungen denken
Zuviel Tage und Nächte zuwenig
Zu viele geschundene Hände
Zu viele Lügen und gebrochene Versprechen
Die dich hungrig und durchhaltewillig machen

. . .

Ich sitze an meinem Tisch und höre dem Lärm draußen zu. Stadtlärm. Ich stelle mir eine neue Art Dschungel vor, mit eigenen Tieren, eigenen Gesetzen. Die Art, wie ein Dealer dem anderen zupfeift, jeder hat seine eigene Melodie. Wie Vögel in den Bäumen. Die Bullenhubschrauber, die Motorroller. Die Streitigkeiten, die Prügeleien, die Schüsse. Das gelegentliche Heulen der Sirene. Die Kakophonie bringt mich dazu die Tür zu verriegeln und hält mich die ganze Nacht wach.

. . .

Als ich siebzehn war fuhr ich nach Spanien. Nichts Aufregendes. Nur eine Klassenfahrt. Zusammen mit ein paar Hundert anderen gelangweilten, fickrigen Schülern aus allen Winkeln der USA wohnte ich in einem Hotel. Es war, als hätte ich die USA nie verlassen. Eine riesige Party, auf der sich alle besoffen und keiner einen Fick abkriegte. Eine der cooleren Geschichten die ich erlebte, abgesehen davon, dass ich in einer Kneipe namens Don Quichotte fast von einer Horde schwuler Spanier vergewaltigt worden wäre, war der Besuch eines Stierkampfes. Ich war da, andere Schüler und die Einheimischen. Die mochten uns kein bisschen. Wir wollten immer dass der Stier gewinnt. Wenn sie das arme Schwein mit ihren Spießen stachen buhten wir. Wir sahen drei Kämpfe und alle endeten sie gleich. Sie machten ein großes Ding daraus den Stier langsam fertigzumachen und dann stach der Matador seinen Degen in den Nacken des Stiers und gab ihm den Rest. Dann zogen sie den toten Stier durch die Arena. Damit es alle kapierten, vielleicht auch, damit der Matador seinen Fick bekam. Der letzte Kampf war der beste. Es kam der Moment, da sich Stier und Matador in die Augen blickten, kurz bevor der Degen niederging. Plötzlich wich der Stier aus, schwang die Hörner herum, riss dem Matador die Kniescheibe auf und schleuderte seinen Arsch in die

Loge. Wir Americanos sprangen auf und jubelten wie verrückt. Die Einheimischen buhten was das Zeug hielt. Ein anderer Typ wurde in die Arena geschickt und machte den Stier richtig platt. Sie zerrten das arme Schwein dreimal im Kreis herum, damit jeder kapierte dass du nicht gewinnen kannst, wenn du allein, verängstigt und irre gegen eine Horde mit Degen bewehrter Typen antreten musst, die nüchtern sind und einen Fick brauchen.

. . .

So lang allein. Ich warte auf dich. Du siehst mich dastehen. Ich sterbe innerlich. Ich beobachte wie du weggehst. Ich sitze in der Leere. Schwarzes Loch, ich stürze hinein. Todestrip, ich falle. Du nahmst meine Einzigkeit und verwandelst sie in Einsamkeit. Brauche nichts, möchte noch weniger. Erfüllt von Leere. Ich entzünde meine Zelle. Ich lebe in der gefrorenen Hölle. Ich warte und warte. Ich warte auf dich.

. . .

Der Junge in der Imbissbude hatte mich nicht angemacht. Er stand nur da und wartete auf seine Bestellung. Er war hochgewachsen und blass. Schaute sich nervös um. Hatte Akne und einen Bartwuchs der an Flechten erinnerte. Ich beobachte ihn, wie er an der Theke stand und mit seinen Münzen auf den Ladentisch trommelte. Wie gesagt, er hatte mich nicht angemacht. Trotzdem hatte ich das überwältigende Bedürfnis ihn zusammenzutreten. Ich kann das nicht erklären. Ich stand nur da, starrte auf seinen Brustkorb und stellte mir vor wie ich ihn zusammentrete. Ich konnte seine Rippen förmlich an meinem Fuß spüren. Wie bei dem Typen, dem ich in Florida gegen den Kopf getreten hatte. So brutal wie damals hatte ich noch nie jemand gegen den Kopf getreten. Ich hatte nichts gegen den Jungen in der Imbissbude, verspürte keinen Hass, gar nichts. Deshalb stehe ich hier und frage mich, was mein Problem ist. Der Junge erhielt schließlich seine Fritten und verließ den Laden. Ich stelle mir immer noch vor, wie ich ihn über den Fussboden trete. Sein Körper zuckt mit jedem Tritt.

Auf dem Nachhauseweg stellte ich mir vor wir hätten einen schweren Autounfall, bei dem der Kopf des Fahrers gegen das Armaturenbrett knallt. Ich stellte mir vor, sein Hirn und seine Zähne mischten sich mit dem Essen das wir gerade gekauft hatten. Ich konnte es fast riechen. Der Geruch wäre so ähnlich wie an der Stelle, wo Katherine Arnold sich ihr Gehirn weggeblasen hat. Ich bin dort damals herumgekrochen. Jetzt gäbe es zerschmetterte Körper, dampfendes Essen, und das Blaulicht der Streifenwagen würde die Unfallstelle rhythmisch erleuchten.

. . .

Ich will keine Schulter zum Anlehnen. Ich brauche sowas nicht. Diese ganze Vorstellung von ›einem besonderen Menschen‹ klingt für mich wie gequirlte Scheiße. Ich muss mich selbst zusammenhalten. Keine Lecks, kein Überlaufen. Abhängigkeit ist Schwäche. So eine Lüge. Im Bett liegen, in den Armen der Geliebten. *Sie steht hinter mir, sie glaubt an mich!* Niemand steht hinter mir. Ich stehe hinter mir. Ich glaube an mich. Ich brauche keine Unterstützergruppen um meine fünf Sinne zusammenzuhalten. Ich weiß was ich zu tun habe, deshalb sollte ich die Klappe halten und daran arbeiten.

. . .

Ich habe Kinder
Sie sitzen auf der Kellertreppe
Liegen zusammengerollt zwischen den Schuhen
Zerrissene Münder und hoffnungslos leere Köpfe
Ich liebe meine Kinder
Ihre Zuhause sind groß und klein
Sie haben alle dieselben Bedürfnisse
Ihre Eltern kennen mich nicht

. . .

Ich stecke in einer Zelle. Fuck. Schwarze Kopf-Box und im Gang vergammeln die Leichen. Schau, wie sie verrotten. Tote Jugend in Schuluniform. Liegen in einem meiner Gehirngänge. Die Leichen können sich nicht rühren. Ich meine, Scheiße, Mann, sie sind tot und genau so fühle ich mich manchmal. Tot. Komm nicht in die Gänge. Rolle die Augen und denke, auf geht's! Doch die ganzen toten Schuljungen liegen im Weg und ich sehe nicht, dass wir heute abend irgendwo hinkämen.

. . .

Ich gehe die Hauptstraße von Venice entlang. Beobachte, wie die Leute in den Läden ein- und ausgehen, wie Frettchen in einem Käfig. Auf den Fensterplätzen der Restaurants sitzen immer irgendwelche Leute und essen. Ich sehe sie an. Sie sehen zu mir raus und wenden stirnrunzelnd den Blick ab. Ich könnte nie in so einem Laden essen. Ich hätte Angst jemand würde vorbeifahren und auf mich schießen. Immer wenn ich die Straße entlang gehe starren sie mich an. Ich schaue ihnen immer direkt in die Augen. Sie schauen immer weg. Als wären sie zu nah an etwas geraten das sie nicht mögen. Mir gefällt das. Ich denke, so sollte es sein. Als ich an dem Scheißcafé auf der Rose Avenue vorbeikam sah ich wie sie unter Sonnenschirmen im Hof ihren Cappuccino tranken. Ich stellte mir vor wie cool es wäre, mit dem Flammenwerfer reinzumarschieren. Als käme ich vom wahren Gesundheitsamt. Fuck it, ich weiß, es ist ein Scheißhaufen und wenn er mir nicht gefällt, sollte ich weitergehen. Neulich gab's gegenüber von meinem Apartment eine Schießerei. Auf der Veranda von Sunset Nr. 309 hat's zwei Mädchen erwischt. An dem Abend war ich nicht in der Stadt. Typisch. Später habe ich gehört, dass die Schüsse den ganzen Block aufgeweckt hätten. Wie die eine Frau die ganze Nacht gejammert und geschrien hätte. Fuck, ich wünschte, ich wäre da gewesen. Ich hätte gelacht und die Sau rausgelassen. David Lee Roth voll aufgedreht und die Fenster geöffnet. Alle Lichter angemacht und auf dem Gehweg getanzt. In ihre tränenüberströmten Visagen gelacht. Den Bullen die Fünf gegeben. Was für ein Pech, das verpasst zu haben. Neulich Abends bin ich an dem Haus vorbeigegangen. Überall hingen diese weißen Typen rum. Komisch, dachte ich mir. Aber egal. Ich zeigte mit dem Finger auf sie und sagte: »Bumm, Bumm.« Lachte und ging nach Hause. Ich bin froh, dass es die beiden neulich abends erwischt hat. Jetzt ist es wenigstens schön ruhig hier. Überall Bullenschweine zwar, die aufpassen, aber das Leben ist ein Geben und ein Nehmen. Sowieso.

. . .

Mir ist klar, warum Ehemänner ihre Frauen schlagen. Klar, warum Eltern ihre Kinder schlagen. Klar, warum sie Schwüre leisten, die sie brechen. Versprechen machen, sie vergessen und bedauern. Man kann es sehen. Es ist in ihren Augen. Alles Lüge. Alles Lüge und niemand kümmert's. Sie finden den angenehmsten und elegantesten Weg sich einzureihen.

. . .

Die gebrechlichen weißen Leute im Bus. Sie wirken so fehl am Platz. Wie Kackwürste die am Weihnachtsbaum hängen. Sie sind fehl am Platz und sie wissen es. Sieh dir ihre Gesichter an. Die leichte Unbehaglichkeit, die Nervosität, die kaum verhüllte Abscheu. Was für ein Trip. Sie sehen immer so aus, als würden sie von der Polizei gefilmt. Ich bin einer dieser weißen Typen. Ich fahre mit dem Bus. Ich beobachte sie und muss innerlich lachen. Die mexikanischen Mädchen mit ihrem fetten Make-up. Fette Ärsche, die in den Gang hängen. Die kiffenden Homies in der letzten Reihe. Die gesichtslosen Arbeiter und die Weißen.

. . .

Der Krankenwagen kam und transportierte den Penner ab. Das Mädchen neben mir sah aus dem Fenster und sagte, »mein Gott, das ganze Blut.« Ich fragte mich, ob die Sanitäter innerlich fluchen, wenn sie einen Fremden abtransportieren müssen der nach seiner eigenen Scheiße stinkt, der in einer Pfütze aus Kotze, Scheiße und Pisse stirbt. Ich frage mich, ob sie schon mal eine dieser Leichen einfach in den Container hinter der Doughnut-Bude geworfen haben. Oder von einer Brücke geschmissen. Wäre cool, das Scheißteil einfach deinem Vermieter vor die Tür zu legen. Oder in einen Swimming Pool in Century City zu werfen.

Die Leiche wird nach Downtown verbracht und von einem Wetback verbrannt, der für den Mindestlohn rackert.

. . .

Sie kommen nicht damit klar, dass ihre leeren Gesten bei mir nichts bewirken. Ich bin ein Mann des Gelächters. Lache wie ein Scheißhund in der brütenden Sonne. Ich lache, wenn sie Magengeschwüre kriegen. Lache, wenn sie, um vorwärts zu kommen, ihrem Boss in den Arsch kriechen. Lache, wenn sie mich sonstwas nennen, denn ich weiß, was ich bin. Sie können mir kein Schuldgefühl einimpfen, weil ich ihr verlogenes Spiel nicht mitspiele. Schuld ist ein Wort, das ein Typ erfunden hat, der einen Country Club besitzt, damit er nachts etwas zum Grübeln hat. Nicht mein Trip. Ich bin ein Mann des Gelächters. Wenn's sein muss bis in die Gaskammer. Oder die Irrenanstalt. Lache wie ein Motherfucker.

. . .

Du kannst dir über all das den Arsch ablachen. Ich kann dir nur erzählen, was ich denke. Sieh dir an, wie die Lügen durch die Luft schwirren. Als kriegtest du so geil einen geblasen, dass du den Zug nicht kommen hörst, der dich platt macht. Ich sehe im Prinzip alles schwarz. Wenn ich mich umsehe, sehe ich überall Schweine. Schweine beim Einkaufen, Schweine, die arbeiten, Schweine, die lügen, schleimen und töten. Am besten schleimen sie, wenn sie dir etwas verkaufen wollen. Scheißschweine bringen mich um den Verstand. Lassen mich die Wände hochgehen. Mich nach meiner Knarre greifen. Ich lach mir den Arsch ab. Ich habe keine Angst vor der Gewalt, die kommen wird. Ich habe keine Angst vor dem großen Brand. Ich bin beschwingt. Das erzähle ich dir seit Jahren. Schau dich um. Sieh dich als das, was du bist.

. . .

Heute ging ich die Hauptstraße entlang. Zwei Frauen gingen an mir vorüber, eine sagte: »Netter Haarschnitt.« Die andere lachte. Sie betraten einen Laden. Ich dachte mir, wie geil es wäre, hinterher zu gehen und ihnen was auf die Nuss zu geben. Es erstaunt mich, dass manche Leute glauben, sie würden mit dieser Scheiße durchkommen. Ich wette, sie hat's noch nie richtig besorgt bekommen. Wäre ihr Gesichtsausdruck nicht 'ne Million wert? Zu sehen wie sie die teuren Hosen vollpisst, die sie mit der Kreditkarte ihres Mannes gekauft hat, wäre fast die Festnahme und die Bullenprügel wert. Fast. Ich schätze, deshalb kommen sie damit durch.

Dies ist mein Hirn. Flammen sind heilig. Alles, was ich tue, ist heilig. Jedes Schwein, das ich abfackle, jede Lüge, die ich zertrete, jede Sekunde, die ich nicht in den Arsch gefickt werde, ist heilig. Wenn der große Brand kommt, schwinge ich mich über die Dächer. Ich werde mich gut fühlen, denn ich bin heilig. Der Heiligste. Deshalb hassen mich die Schweine. Alle Schweine sind eifersüchtig. Deshalb kriechen sie auf Knien und blasen Schwänze. Sie sehen, wie ich mich mit unbefleckten Knien durch die Lüfte schwinge. Dann merken sie, dass ich sie verachte. Man muss sich vor diesen Schweinen in Acht nehmen, sie sind bösartig. Anders können sie nicht. Junge, Junge, wenn es soweit ist, werden sich vor der Himmelspforte jede Menge heimtückische Sauereien abspielen. Wenn es denn einen Himmel gibt. Was wäre, wenn ich dir zwei Schlüssel unter die Nase halten würde? Einer öffnet das Himmelstor, der andere einen neuen Porsche Turbo. Welchen würdest du nehmen?

. . .

Ich hege keine romantischen Gefühle mehr. Ich weiß, dass ich früher welche hatte. Ich brauche keine Liebe. Du könntest deinen Senf dazu geben, dir ein paar Bezeichnungen für mich ausdenken. Ich bin nicht mehr so verzweifelt. Das soll nicht heißen, dass ich die Verzweiflungsgeschichte auf die leichte Schulter nehme. Im Gegenteil. Aber ich habe jetzt weniger Zeit, und weniger denn je lässt mich glauben, ich müsse eine Lüge weiterspinnen. Manch einer wird dir sagen, er brauche die Liebe zum Leben. Scheiß drauf, die Leute erzählen viel wenn der Tag lang ist, zum Beispiel, dass du einem Fremden dein Leben verdankst, um die Lüge aufrechtzuerhalten, die er dir diese Woche verkauft. Schwäche tut nicht weh. Als gleite man ein Rasiermesser hinab, das so scharf ist, dass du gar nicht daran denkst zu Boden zu blicken, wo sich das Blut sammelt. Neulich abends sah ich sie an und hätte fast ihren Namen vergessen. Es ist nur Fleisch. Steck deine Tränen in einen Umschlag und schicke sie Hitler. Seinem toten Arsch bedeuten sie ebensoviel wie mir.

. . .

Früher pflegte ich mich in mürrischem Erstaunen zu suhlen. Die Dinge um mich herum machten mich schwindeln. Dass dir jemand ins Gesicht lügen könnte, dich einfach so verarschen. Du dachtest, du würdest sie genau kennen. Nichts kann mich mehr erstaunen. Kein Gemetzel der Welt wundert mich mehr. Die Leute, die sich darüber den Kopf zerbrechen, ob sie in den Himmel oder in die Hölle kommen. Die Hölle ist hier und jetzt. Der Krieg findet vor deiner Haustür statt. Aber es gibt immer einen Fernseher den man lauter drehen kann um das Gift zu übertönen. Lügen sind lauter und stärker als die Wahrheit. Mich erstaunt gar nichts mehr.

. . .

In diesem Zimmer mache ich nichts falsch. Alles was ich denke und tue ist richtig und wahr. Selbst wenn es sich um eine Lüge handelt, es ist mein Zimmer. Ich weiß, ich lüge, doch es ist niemand da, der mir das sagen könnte. Du kannst deinen Freunden erzählen, gestern nacht hättest du in allem Recht gehabt und sie können dir nicht das Gegenteil beweisen. Deshalb verlasse ich dieses Zimmer so ungern. Draußen gibt es nur Lügen. Du sagst die Wahrheit und wirst verarscht. Du kannst festgenommen werden, ja sogar getötet. In meinem Zimmer kann ich die Wahrheit laut aussprechen. Manchmal sind das die einzigen Momente die ich habe um aufrichtig zu sein. Denn da draußen versuchen alle vor sich selbst davonzulaufen. Die Realität ist die finale Maschine. Tod getrieben. Die Wahrheit ist so simpel, dass sie uns zu kleinen Fleischbällen macht. Schwach und abhängig. Scheißen, pissen, essen, abhauen. Jeder von uns. Manche nervt das. Du kannst dich nicht über dein Arschloch erheben; du kannst dich nur über die erheben, die denken sie könnten es.

. . .

Ich sah den Hund quer über die Straße rennen. Direkt nachdem ihn das Auto erwischt hatte. Der Hund jaulte sich die Kehle aus dem Hals. Seine Därme quollen aus seinem Bauch. Verfingen sich in seinen Hinterbeinen. Deshalb rannte er so komisch quer. Ich sah dem Hund nach, wie er den ganzen Block hinunterrannte und um die Ecke verschwand. Sein Jaulen war noch eine ganze Weile zu hören. Ich sah zu den alten Schwarzen hinüber die auf ihren Veranden saßen. Sie verzogen keine Miene. Ich frage mich, welche Greuel sie gesehen haben müssen um so unbewegt zu bleiben.

. . .

Als ich jung war, spielte ich fast jeden Tag im Park. Eines Tages wollte ich in diesem Gebüsch spielen. Da waren aber überall Polizisten. Aus dem Fernsehen wusste ich dass ich nichts zu befürchten hatte. Ich ging zu ihnen und fragte ob ich hier spielen könne. Sie sagten mir ich solle woanders hingehen und einer der Parkwächter zog mich beiseite und sagte mir ich solle besser drüben bei den Schaukeln spielen. Die Polizisten blieben bis zum Einbruch der Dunkelheit. Am nächsten Tag fand ich heraus dass man die Leiche eines kleinen Mädchens gefunden hatte, genau dort, wo ich sieben Pennies vergraben hatte. Ein paar Tage später grub ich die Pennies aus. Weil ich dachte, sie wären bedeutsam, behielt ich sie. Bald hatte der Kaugummiautomat sie geschluckt.

. . .

Draußen waren es 360 Grad
Die Polizisten waren gekommen,
sie waren gekleidet als wären sie Freunde
benahmen sich aber wie Soldaten
Nahmen jeden fest
Die Mieter
Die Besitzer von Eigentumswohnungen
Die reichen Mädels versuchten die Blicke der Bullen
auf sich zu lenken
In der Hoffnung mit einem
schnellen Blowjob im Gebüsch
der Strafverfolgung zu entgehen
Die reichen Jungs hatten nur Kreditkarten und ihre
Ärsche anzubieten
Die Arschlochnummer hatte schon
so oft funktioniert
Doch es nützte nichts
Wir fuhren alle ein

Das Letzte was ich sah bevor ich ohnmächtig wurde, waren die Ratten und Kakerlaken, die aneinander gefesselt abgeführt wurden

. . .

Tritt mal einen Schritt zurück, dann wirst du sehen dass das Spiel um Liebe und Hass von einer Horde verzweifelter Lügner gespielt wird. Dich und mich eingeschlossen. Willst du nicht endlich über diese Chain-Gang-Mentalität hinwegkommen? Ich hab's geschafft, ich bin raus aus der Lüge. Habe gesehen wie sie sich selbst zerstört hat. Und mit dem Kopf geschüttelt. Brachte es nicht übers Herz, für einen dieser armen Trottel Mitleid zu empfinden.

. . .

Heute kam ich an diesem Café vorbei. Eine Frau stand in der Telefonzelle vor der Tür und quatschte. Als ich vorüberging sah sie mich an und lachte. Ich spuckte auf die Scheibe der Zelle; in Höhe ihres Gesichts. Sie zuckte zurück, ließ den Hörer fallen und rannte in das Café. Ich ging weiter und dachte mir was für ein Schwein sie sei, und zu schade, dass die Scheibe zwischen uns war. Als ich etwa einen Block entfernt war, hörte ich, wie jemand hinter mir her rannte. Ich drehte mich um und sah einen Mann mit umgebundener Schürze auf mich zukommen. Er fragte was zum Teufel ich mir einbilde, die Lady anzuspucken. Ich sagte ihm, er sei 'ne ganze Ecke weg von seinem Café und kehre jetzt besser um bevor ihm was Schlimmes passiere. Er riss seine Schürze ab und schmiss sie auf den

Boden. Ich holte meine Knarre raus und knallte ihn ab.
Ein Schwein weniger. Diese Leute sollten mich als
Gott verehren.

. . .

Blöder Marathonmann schaltet die Maschine ab
Atemkrank
Besoffene pissen in die Büsche
Vor dem Café um die Ecke
Springen Frauen in Designer-Leggings
Leichtfüßig über den modernen Müll
Als wäre er gar nicht da
Wenn sie aus ihren Autos steigen
Ich habe nie beobachtet, dass sie nach unten geschaut
hätten
Irgendwie vermeiden sie es
In die Scheiße zu treten
Als wüsste Gott das zu verhindern
Wenn jemals eine vor der Sushi-Bar stürzt
Springe ich leichtfüßig über ihren Körper
Als wäre er gar nicht da

. . .

Ich brauche mehr
als dein schäbiger Geschmack zulässt
Du kannst mir nicht einreden, er sei erlesen
Ich sehe ihn als das, was er ist
Du siehst dieser Tage ziemlich blöd aus
Eines Tages wirst du so high sein,
dass du davonschwebst
Und alle deine Termine verpasst

Und kannst nichts dazu sagen als
Roll another one

. . .

Ich bin randvoll
Der Lärm und die Farben stoßen mich herum
Eines Tages sah ich aus dem Fenster und sah,
dass alles Lüge war
Ich brauchte Tage, um alles zu durchdenken
Die Dinge aus einer neuen Perspektive zu betrachten
Alles fing an sich zu bewegen
Sich mir zu offenbaren
Ich sah den Dreck und die Lügen und die
ganz große Lüge
Die ganz große Lüge
Ich wurde farbenblind
Du magst das als Nachteil ansehen
In schwarzweiß zu leben
Ich tue das nicht, ich habe die dreckigen Farben satt
Die mir weismachen wollen, alles wäre in Ordnung
Farben übertünchen die Wahrheit
Farben wollen mir weismachen,
dass Scheiße nicht stinkt
Ich muss nicht abhauen
Ich brauche keine Konfrontation
Ich weiß, wogegen ich antrete
Wenigstens kämpfe ich nicht mehr gegen mich

. . .

In diesem Dschungel kannst du den Verstand verlieren. Kann man. Ganz einfach. Oder den Verstand behalten. Reiß dich am Riemen und zieh durch. Wie ein Soldat. Wie eine Seele auf einer Mission. Wie ein Mann in der Todeszelle. Lächelnd die Grüne Meile runtergehen. Auf den Knebel beißen. Grab dich ein. Mach dich bereit für den großen Sturm. Der kommt. Über uns. Alles verzehrende Hitze. Das ist mein Trip. Ganz und gar lebendig. Du könntest den Verstand dabei verlieren. Deine Seele könnte in das große Loch stürzen. Oder du kannst dabei bleiben. Liegt an dir.

. . .

Kapierst du die komplette Wahnsinnsnummer? Komplett darin aufgehen. Und zwar nicht nur so zufällig, sondern totaler Wahnsinn im Casino des Krieges. Kein Drogentrip. Kein hotelverwöhntes Muttersöhnchen. Das wahre Ding. Drauf abfahren. Ich will das wahre Ding sehen. Ich lache dir ins Gesicht. Du bläst Rauch in meines. Ich will sehen, wie du's tust. Das ganze Programm. Warum bist du noch da. Ich dachte deine Kunst brächte dich um, oder was. Au Scheiße. Ich kaufe die Platten immer noch.

. . .

Kuck mal da in der Küche. Das bin ich der an einem Verlängerungskabel baumelt. Ich lüge. Nur ein weiterer Traum. Ein weiterer Versuch am Wetzstein. Die Wände sind so grau hier drin. Und es ist so kalt, außer wenn es heiß ist. Schau jetzt in die Küche. Zehn baumelnde Körper. Alles ich. Zehn Mal tot. So fühle ich mich gerade. Ein Schlachthaus ist das. Von allen Möglichkeiten abzutreten. Tausend Tode sterben, allein in einem Apartment. Hängen wie eine tote Katze. Schau dir meine Zunge an. Schwarz. Geschwollen. Schau jetzt in die Küche. Nichts. Nur eine dreckige Scheißküche. Nicht mal eine Leiche, die unterstriche was ich meine. Bloß ein Lügner. Hier, mit mir. Hier, mit dir.

. . .

Vernichtung ist alles was ich erkennen kann. Ich knirsche mir den Schmelz von den Zähnen. Akzeptiere, akzeptiere, akzeptiere. Schlucke. Mein Blickfeld wird täglich enger. Ich bin ein Einweghirn. Bald bin ich all das, was ich sehe, was ich denke, was ich höre. Was ich weiß lässt nur einen Schluss zu. Alles reduziert sich auf einen Punkt. Einen Ort. Direkt in meinem Kopf. Wie eine gewebezerfetzende Kugel. Verstümmelnde Existenz. Mein Abfackeltraum. Mein Ein und Alles. Überall und immer. Genau hier drinnen, hier und jetzt. Alles meins.

. . .

Ich stehe im Bad und halte meinen Schwanz in der Hand. Ein erbärmlicher sabbernder Wicht schaut in den Spiegel. Abspritzen wie jedes andere Tier. Es den Abfluss hinunter spülen. Ich bin übel drauf. Das Mädchen, an das ich dachte, brauche ich nicht. Das war nur eine vorübergehende Schwäche. Ich werde das nie wieder tun. Ich will jemanden umbringen. Ich will sehen, wie jemand zerstört, vernichtet wird. Fuck. Ich will eine ganze Horde Menschen vernichtet und zerstört sehen. Ich reiß mich am Riemen. Hätte fast ein Loch in die Wand geschlagen. Ich habe die Romantik getötet. Diese Scheiße funktionierte nur, solange ich den Gang der Welt noch nicht begriffen hatte. Jetzt bedeutete es mir nichts mehr. Kein Mädchen wird meine Meinung ändern. Ich muss den Verstand verloren haben. Dummer Junge. Damit ist es vorbei. Nur ein Loch wo du deinen Schwanz reinsteckst, als hättest du kein Hirn. Musst dich verbiegen. Aber ich sag's euch, es sind die Lügen, mit denen ich nicht klarkam. Lügen müssen, um nachts nicht allein zu sein. Das Hirn ausschalten um einen Fick abzukriegen. Sowas schaff ich nicht. Ich bin froh, dass ich kein Bedürfnis nach dieser Scheiße mehr verspüre.

. . .

Du kannst dir einreden, du wärst nicht allein
In ihren Armen liegen, seine Arme, kämpfen, verbissen
Kämpfen bis die Tränen fließen
Und du wieder in der Scheiße steckst
Hart fallen, obwohl du dich
keinen Millimeter bewegt hast
Zimmer voller Leute, die sagen, du seist nicht allein
Wie kommt's, dass ich mich so scheiße fühle, wenn es vorbei ist?
Vielleicht habe ich mich selbst belogen
Mir die Wahrheit zu sagen war nicht gut
Mir was vorzumachen war in Ordnung
Mich auf zehn verschiedene Arten umzubringen
Das Alleinsein zu etwas Unangenehmen machen
Wenn es doch das Einzige ist, was ich kenne
Ich denke, die Lügen, die ich mir selbst erzähle, sind die besten

Wasserdicht
Ich werde mich nicht selbst fertigmachen
What the Fuck, sie schnitten mich mit der schärfsten Klinge
Gehärteter Stahl
Kein Schmerz, kein Blut
Jede Menge Schäden
Unsichtbare Wunden auf meinen Armen
Lügen sind so
Sie füllen nachts ein leeres Zimmer
Dein Zimmer, mein Zimmer
Das ist die Wahrheit und nichts als die Wahrheit
Und nichts als die Wahrheit eines Lügners
Dein Zimmer, mein Zimmer

. . .

Vor ihr fühle ich mich wie ein Trottel. Ich weiß nicht was in mich gefahren ist. Meine Lippen bewegten sich als gehörten sie nicht zu mir. Ich habe ziemlich gelogen. Ich musste. Manchmal törnt es sie ab, wenn sie herausfinden wie zerbrechlich du wirklich bist, und dann sitzt du plötzlich allein in einer Ecke. In solchen Momenten hasse ich mich am meisten. Eine kalte Ecke in die ich mich hineinsteigere. Jetzt rede ich nicht mehr mit ihnen. Lüge nicht mehr. Kommt gut. Ich bin oft allein. Auch das ist gut. Alles andere ist Lüge. Vorübergehend, verwirrend. Zu abgefuckt. Jetzt steigere ich mich wieder in meine Ecke hinein. Du weißt was ich meine.

. . .

So habe ich mich noch nie gefühlt. Abgesehen vom letzten Mal fühlte ich mich kalt und leer. Wie letzte Nacht. Als würde man ins Waschbecken wichsen. Wenn du den ganzen Schleim auf deiner Hand und im Becken siehst, schwörst du dir, es nie wieder zu tun. Nie mehr so tief zu sinken. Nie wieder so verzweifelt sein. Und dann stehst du wieder vor dem Waschbecken und lachst über den großen Witz. Bist auch nur einer, der den Blues schiebt. Und irgendwo macht irgendjemand dasselbe und fragt sich, ob du es auch machst. Also gut, jetzt weißt du's.

. . .

Der 24. Dezember. Ich wohne in Venice. Bin heute abend spazieren gegangen. Die Crackdealer an der Ecke gingen wie üblich lärmend ihren Geschäften nach. Ich bin an Gold's Gym vorbeigegangen, die Stromleitungen knackten. Die Büsche stanken nach der Pisse der Betrunkenen. Hühnerknochen und Abfall da wo die Penner schlafen. Ich gehe die Mainstreet entlang. Penner stehen auf der Fahrbahn, versuchen die Autofahrer anzuschnorren. Sie brüllen mir von der anderen Straßenseite etwas zu. Ich verstehe nicht, was sie von mir wollen. Ich schätze sie wollen mir etwas verkaufen. Ich gehe am Waschsalon vorbei, drinnen auf den Bänken schlafen ein paar Penner. Ich bleibe stehen und betrachte sie. Ihre Gesichter haben dieselbe Farbe wie ihre Mäntel. Ich kehre um und gehe zurück zu meinem Haus. Ein Penner kommt mir entgegen und wünscht mir Frohe Weihnachten. Ich gehen an den schwarzen Drogendealern vorbei. Ich will nicht in die Wohnung zurückkehren. Aber wenn man hier spazieren geht wird man entweder umgebracht oder kriegt Depressionen. Dieses Viertel macht mich fertig. Eines Tages werde ich weit weg ziehen. Die beschmierten Wände, die billigen Gerüche, die Schreie aus den Apartments ein paar Häuser weiter. So einen Ort gibt es nicht zweimal, außer vielleicht das Loch in dem du gerade wohnst. Und du weißt so gut wie ich, dass wir da raus müssen. Vielleicht treff ich dich am Bahnhof. Wenn wir in Arizona sind, wird es uns richtig gut gehen. Und wenn in Colorado die Sonne aufgeht und durchs Fenster scheint, wird sie richtig klasse sein. Jedenfalls besser als die Dreckfunzel, die wir hier in Venice haben.

. . .

Vor ziemlich langer Zeit, damals, als ich noch lebte, arbeitete ich in dieser Tierhandlung. Ich verbrachte eine Menge Zeit damit den Abfall rauszutragen. Das konnte ich besonders gut. Auf den Betonplatten hinter dem Laden ließ ich immer etwas Futter liegen. Wenn ich den Müll rausgebracht hatte setzte ich mich auf die Stufen und wartete. Es dauerte nicht lange bis die Ratten rauskamen und fraßen. Sie waren ziemlich groß, die Ratten. Sie aßen so ziemlich alles was ich ihnen hinlegte. Eines Abends brachte ich den Müll raus und legte ihnen ein totes Kätzchen hin. Nehmt das, wollen mal sehen, ob ihr das auch runterkriegt, ihr Bastarde. Sie kriegten. Eine der Ratten kam raus und zerrte es in ein Loch im Beton. Die Ratte schaffte es das Kätzchen halb hineinzuzerren, dann sah es so aus, als kriegte der kleine Scheißer Schwierigkeiten und der Arsch des Kätzchens, der noch herausragte, zuckte herum. Schließlich verschwand das Kätzchen endgültig im Loch. Wenn das Loch größer gewesen wäre, hätte ich versucht, den Jungen vom Boss rein zu stopfen. Er war so eine Nervensäge.

Früher wohne ich mit meiner Mom in einer Mietwohnung. 16th Ecke Columbia in Washington D.C. Park Plaza. Vom Balkon konnte ich in die Seitengasse kucken. Ich rief immer meine Mutter, sie solle rauskommen und sich die Kätzchen ansehen die unten spielten. Sie sah hinunter und sagte nichts. Eines Tages kam mein Dad vorbei um sich mal umzusehen. Ich nahm ihn mit auf den Balkon und zeigte ihm die kleinen Katzen. Er sagte: »Das sind Ratten, Junge.«

Einmal nahm mich mein Dad mit in den Zoo. Wir kamen an einer riesigen Mülltonne vorbei. Ich wollte etwas hineinwerfen, aber mein Vater sagte ich solle es auf den Boden werfen, in der Mülltonne könnten Ratten sein. Ich sagte ihm, mit den Ratten würde ich schon fertigwerden. Ich warf meinen Abfall in die Tonne. Als ich meine Hand zurückzog schnappte etwas danach. Diese scheißgroße Ratte versuchte aus der Tonne zu kommen indem sie meinen Arm hochkrabbelte. Die Ratte sprang von meinem Arm und rannte zum Eisbärenkäfig. Mein Dad schüttete sich aus vor Lachen. Ich erinnere mich noch, dass er »Fucking-A« rief und eine rote Nase bekam.

. . .

An Wochenenden nahm mich mein Dad im Auto mit. Schnitt ihn jemand, sagte er mir, ich solle das Fenster runterkurbeln und dann deckte er das arme Schwein mit den übelsten Sprüchen ein. Immer wenn er sagte

»Kurbel die Scheibe runter, Junge«, bekam ich richtig Angst und rutschte so tief es ging in meinen Sitz. Die beste Nummer brachte er als wir einmal die Wisconsin Avenue in Bethesda lang fuhren. Ein Langhaariger schnitt meinen Vater. Die Scheibe wurde runtergekurbelt und mein Dad brüllte: »Bist du ein Junge oder ein Mädchen?« Der Typ wurde so wütend dass er ein parkendes Auto rammte. Mein Vater wendete und fuhr noch mal an ihm vorbei. Der Typ schüttelte die Faust. Mein Dad lachte so laut dass ich dachte er würde explodieren.

. . .

Ich gehe zur Post. 26. Dezember 1986, Venice, Kalifornien. Gegenüber von Gold's Gym. Budweiser, Häagen Dazs, Marlboro, der Müllgestank vermischt mit Pisse. Auf dem Boden liegt ein Erbauungsblättchen, dreckverschmiert und unleserlich. Ocean Avenue. Ein Mexikaner geht vor mir. Ich überhole ihn. Einen Block weiter rennt er an mir vorüber. In der einen hat er eine glimmende Zigarette, in der anderen die Packung. Er rennt über die Straße, den Block runter zum Schnapsladen. Auf dem Rückweg entdecke ich ein schwarzes Mädchen das auf der Bank einer Bushaltestelle schläft. Die vorbeifahrenden Autos decken sie mit Staub und Dreck ein. Ich biege ab und gehe wieder an Gold's vorbei. Auf dem Parkplatz stehen immer teure Autos und Fahrräder. Ich fass das nicht. Die Bodybuilder sind gesund und reich. Ein komischer Anblick, wenn so ein Typ schwitzend ans Tageslicht kommt, über den Parkplatz geht und in seinen Porsche Turbo steigt. Ich gehe um das Gym herum über den

Parkplatz hinter dem Gebäude. Ein Mann und eine Frau, beides Bodybuilder, sitzen an die Wand gelehnt und teilen sich einen Joint. Ich gehe die Sunset Avenue entlang. Auf einer kleinen Mauer sitzt ein Mann. Vor ihm auf dem Gehweg liegt ein Schild auf dem steht »blind«. Der Mann liest ein Buch. Ich lächle ihm zu und gehe weiter. Er wünscht mir Frohe Weihnachten. Ich gehe weiter. Weil Feiertag ist sind eine Menge Kinder auf der Straße. Sie fahren mit neuen Fahrrädern, Mopeds und Skateboards die Straße rauf und runter und brüllen, was das Zeug hält. Gott segne ihre kleinen Seelen. Ein paar ältere Jungs kommen aus der Gasse. Sie tragen alle diese blöden Trainingsanzüge, wie Run DMC. Die mustern mich. Ich wünschte, sie würden sich mit mir anlegen. Ich lächle ihnen zu und gehe in mein Gebäude. In meinem Zimmer legt sich niemand mit mir an.

. . .

Heute Morgen lag eine Ausgabe des Rolling Stone in meinem Briefkasten. Sie war nicht für mich, sondern für meinen Nachbarn. Ich nahm sie mit rein und las sie. Wenn es umsonst ist lese ich das Wichsblatt. Die Talking Heads waren auf dem Cover. Ich las die Titelgeschichte. Es ging nur darum, dass die Band sauer ist, dass der Sänger die ganze Presse kriegt und sie nichts weiter zu tun haben, als an ihren kleinen Projekten zu arbeiten und auf ihren Farmen abzuhängen. Richtig klasse. Der letzte Artikel den ich las war über Run DMC. Alles drehte sich darum, ob sie sich mit Michael Jackson treffen sollten. Der Rolling Stone ist eine Zeitschrift für Yuppies. Die Bands können darin ihre kleinen Idiosynkrasien einer dankbaren Leserschaft mitteilen. Dieser David Byrne ist der Yuppie-Messias und die Band will auch eine Scheibe abhaben. Ich lese den Rolling Stone um gute Laune zu kriegen und mich hochzupushen. Ich will dann runter auf die Straße und in ein paar Ärsche treten. Außerdem benutze ich es als Quelle um am Pulsschlag der Yuppies dranzubleiben. Ich weiß es und ihr solltet es auch wissen; bald werden die Yuppies den Laden übernehmen und man sollte so viel wie möglich über den Feind wissen, will man diesen Erdentrip heil überstehen. Wie Sly Rambo einst gesagt hat: »Um zu überleben, muss man eine Kriegsmaschine werden.« Hey, what the Fuck, klingt doch gut und stimmen tut es auch. Dieser hier ist umsonst, der nächste kostet.

. . .

Allein leben. Ein Leben leben das niemand kennt. In der Küche Suppe kochen und essen ohne einen Laut zu machen. An die Dinge denken die du gerne tun würdest, von denen du aber tief in deinem Innern weißt, dass du nicht kannst, weil du zu verletzt, zu schüchtern oder einfach zu fertig bist. Dazu gehört jede Menge Mut. Mehr als ich habe.

. . .

Der Unterschied zwischen Mäßigung und Abstinenz. Für mich ist die Entfernung von nah dran zu fast da unsichtbar und unfassbar.

. . .

Vor zehn Minuten hörte ich Schüsse. Zwei, dann nichts mehr. Gerade habe ich gehört wie die Streifenwagen etwa einen Block entfernt eintrafen. Hörte, wie der eine Typ brüllte und brüllte. Später. Ich ging raus um nachzusehen. Ich durchstreifte die ganze Nachbarschaft, konnte aber nichts entdecken. Ging wieder in mein Apartment. Ich sah diese schwarzen Typen über die Straße gehen. Sie hatten ein Mädchen dabei und einer von ihnen sagte, sie brauche einen Mann. Sie sahen zu mir rüber und einer sagte: »Wie wär's mit dem?« Ich lächelte in mich hinein. Genau meine Kragenweite. Du nimmst die Erste, Kumpel, und der Rest regelt sich von allein. Bitte.

. . .

Ich dachte an das Mädchen, das es gegenüber auf der Straße erwischt hat. Wäre es nicht klasse, sie hätten sie direkt auf dem Rasenstück vor dem Haus beerdigt? Ihre Freunde könnten ihre Kippen und leeren Büchsen auf ihr Gesicht werfen.

. . .

Zuerst wird es hart sein, die Zeit allein zu verbringen. Jede Nacht wird sich anfühlen, als würde dir ein Zahn mit der Zange gezogen. Zweifellos sind die ersten Nächte die schlimmsten. Wie wenn du frierst und heftig zitterst, du versuchst der Kälte zu widerstehen, dein Körper schüttelt sich, du knirschst mit den Zähnen und versuchst es nicht an dich ranzulassen, weil du sonst noch mehr frierst. Mehr als dass du es spürst verkörperst du es. Du lebst es. So läuft das mit der Einsamkeit.

Nach einer Weile kommst du leichter durch die Nacht. Die Einsamkeit fällt von dir ab wie Tropfen aus einem lecken Heizkörper. Die Nächte verstreichen einfach. Schneiden dich still und ohne Blutvergießen in die Handgelenke. Du sitzt in der Dunkelheit, unfähig dich zu rühren. Freunde rufen an, aber du willst nirgendwohin mitkommen weil du weißt, dass es nur eine Unterbrechung dessen wäre was auf dich wartet wenn du zurückkommst. Die große kalte Schlange kriecht heraus und legt sich um deine Seele und du hörst auf zu denken, driftest in die Nacht, gefangen in deinem Sessel. In der Dunkelheit beobachtest du die Lichter der Straße, lauscht dem Verkehr der unten vorbeidröhnt. Es klingt immer, als fände draußen ein Guerillakrieg statt. Du stellst keine Fragen, sitzt nur ruhig da. Selbst wenn du atmest erstickst du fast. Stell dir das vor, an deinem eigenen Atem ersticken. Verdammte Lähmung. Eingesperrt, gefroren. Einzelhaft. Du versinkst in Gedanken, eine Erinnerung durchzuckt dich wie ein Blitz. Dein Kopf zuckt. Was war das, eine Sternschnuppe? Nein, nur du und du. Die Nächte sind endlos. Sie dauern die ganze Nacht und kehren jeden Abend wieder. Sie warten auf dich und du kommst nie zu spät. Du bist so verdammt pünktlich dass du glaubst es bringt dich um, und wahrscheinlich hast du Recht. Eine dieser Nächte. Wirst du wissen, wenn die anbricht, die dich für immer fällt? Sie sehen alle gleich aus und sie enden nicht, du kannst nicht davonlaufen, dich nicht verstecken, und wem wolltest du es erzählen? Was hast du vor? Willst du dir eine Geliebte nehmen und das wäre dann das Ende deiner Sorgen? Selbst wenn du mit einer Fremden im Bett liegst und wieder allein bist und so tust, als ginge es dir gut und ›so tust‹ sagst, obwohl das richtige

Wort ›Lüge‹ wäre? Du belügst dich selbst und es schmerzt und du weißt es. Ich sage dir, ich fühle mich am beschissensten, wenn ich mit einem Mädchen zusammen bin. Ich liege in ihren Armen und bin allein und fühle mich elend. Ich denke ich sei ein Fels und denke an dieses Mädchen, das mit einem Fremden im Arm daliegt und es ekelt mich und dann fällt mir ein, dass ich dieser Fremde bin und das ist es, was mich einsam macht. Mir wird kalt und ich will nicht zugeben, dass mich friert und mein Körper fängt an zu zittern und meine Zähne knirschen und irgendwann hört es auf.

. . .

Ich kann mich kaum bewegen. Die Scheiße hat mich runtergezogen. Ich kann mich an niemanden wenden. Keine Antworten in den Armen einer Geliebten. Ich muss an einen Selbstmörder denken. An die Tür eines leeren Zimmers klopfen. Zusammenbrechen, wenn niemand antwortet. Es gibt nur einen Ort an dem ich Linderung finde. Es gibt nur eine Antwort. Es geht nur darum, den richtigen Baum anzubellen. Ich muss es zu Hause austragen. Bei mir zu Hause. Bei mir. Ich muss zu mir. Muss selbst die Lösung finden. Linderung und Heilung kommen von innen. Heute Nacht habe ich alle Liebeslieder abgetötet. Ein Schuss. Blutunterlaufen. Ein Blick in den Spiegel und ich weiß, dass ich alles wissen muss, was ich wissen muss.

. . .

Wieder allein in meinem Zimmer. Schreiben um es loszuwerden. Was loswerden? Diese Gefängnismentalität. Diese Gefühl, als hätte mich eine Kugel getroffen. Ich bin der kranke hundeäugige Junge. Gehe in meinem Zimmer auf und ab. Die Atmosphäre hier drin ist vergiftet. Ich glaube ich denke mich zu Tode.

. . .

Eine dieser Nächte. Gnädige Nacht. Manchmal wünsche ich, ich würde entführt. Entführt in einen nächtlichen Trip in ein Schwarzes Loch. Betäubt bis ich mich nicht mehr bewegen kann, nichts mehr denke, nichts mehr weiß. Manchmal liebe ich diesen finalen Traum. Die Nacht brennt in allen meinen Wunden. Reißt meilenweite Löcher auf, stundenlang, wieder eingeschlossen zwischen vier Wänden. Traumloses Herumsitzen. Warten bis die nächste Minute vorbeikriecht, keine Sekunde davon verpassen.

Morgens sitze ich manchmal an meinem Tisch. Frage mich, wie ich die vergangene Nacht überstanden habe. Rühre in meinem Kaffee und denke ich sei einer der Überlebenden der Titanic oder so was. So fühle ich mich heute. Letzte Nacht war ziemlich für'n Arsch. Es tut gut, die Sonne zu sehen. Bin froh dass ich es geschafft habe. Irgendwie eher zufällig.

. . .

Heute Nacht war alles kalt. Ich ging durch die Straßen zum Laden. Dieser Ort hat keine Seele. Du kannst endlos hier rumlaufen und kommst nie irgendwo an. Als ich am Büro für Minderheitenbeschäftigung vorbeikam sah ich mich um und alles, woran ich denken konnte, war Kerouac. Seine »land sadness« oder so was. Dieser Ort hat keine Seele. Ich ging am Waschsalon vorbei. Sah die Penner die auf den Wartebänken Hof hielten, sie lachten wie verrückt. Ich betrachtete sie so intensiv, dass ich fast mit diesem riesigen betrunkenen Typen zusammengestoßen wäre. Er sah aus wie ein degenerierter Wasserbüffel. Ich ging in die Eisdiele und als ich wieder herauskam sah ich mich im Spiegel. Rasierter Schädel, eingefallenes Gesicht, zu wenig Schlaf. Gott, bin ich hässlich und dann diese Augen. Ich kann meine Augen nicht kontrollieren. Ich glaube, sie sind nicht einmal ein Teil von mir, so wie sie sich in ihren Höhlen bewegen. Herumrollen. Begegnete diesen drei dicken Ladies. Ich musste auf die Straße treten, um an ihnen vorbeizukommen. Als ich vorüberging, hörte ich, wie eine sagte: »Oh, er ist so wundervoll, er kann alles in den schönsten Farben ausmalen.« Vielleicht redete sie von Adolf Hitler. Ich ging weiter und die Lady verstummt. Dann sagte eine etwas über meine Tattoos. Ich drehte mich um und sah sie an während ich rückwärts ging. Schenkte ihnen mein schönstes Lächeln. Sie kuckten als müssten sie 72er Buicks verschlucken. Land Sadness. Die letzte Frau auf Erden schüttelt ihre Unterwäsche aus. Dreck, leere Bierdosen und Kippen fallen heraus.

. . .

Hallo Kriegsmaschine
Meine Ewigkeit
Mein langer Weg in die tiefen Wälder
Unverwüstlich
Ewig brennend
Du bist alles was ich habe, außer meinem Leben und meinen Tod.

Du bist der Grund, weshalb ich lebe
Es ist so schwer, es in Worte zu fassen
Die Explosionen, die ich sehe
Den Trip, auf dem ich bin
Yeah und ich reite

. . .

Ich gehe den Highway entlang
Will nicht von einem Passanten mitgenommen werden
Mir gefällt, wo ich bin
In die Tiefen hineingehen, wo immer ich bin
Highway
Nachts alleine wandern
Mit den Gedanken, den zerrissenen Träumen
Kleine Dornen in den Sohlen
Ich gehe weiter
Todesstille, das ist was zählt
Todesvakuum, allgegenwärtig
Mit dem Allgegenwärtigen klar kommen

. . .

Habe der Liebe das Kleid runtergerissen. Ohne Kleider sieht sie scheiße aus. Man muss es mit geschlossenen Augen tun. Mit einer Lüge zwischen den Zähnen, sonst muss man kotzen. Ich wurde müde, ich bin schwach. Ich kann die Last nicht tragen. Ich musste den Kadaver fallen lassen und musste aufhören, mir einzureden es sei schön, denn das war es nicht. Jetzt fühle ich mich besser, aber worüber weiß ich nicht.

. . .

Hydra She-Wolf gespensterhafte Bullpeitschen-Göttin Hexe eiskalt lebende Leichen. Unbemerkt Grenzen passieren. Spinnenfrau vergisst nie das Töten um des Tötens willen. Aber durchs Telefon, eine gute Freundin von mir. Ich sehe Armeen marschieren. Vereint, verdammt. Ich krieche lieber. Allein.

. . .

Wir waren in diesem Zimmer. Kein hübsches Zimmer, eher ein Zimmer aus dem man am liebsten sofort abhauen würde. Eine Birne baumelte von der Decke und starrte auf mich herab und verbrannte meine Augen und ließ ihre Haut wie Kunstleder aussehen. Es war heiß im Zimmer, aber nicht sommerlich heiß, sondern künstlich heiß. Heiß wegen der Heizung in der Ecke. Eine Hitze von der dir die Nase abfällt. Die Fenster waren schmutzig. Wir steckten in einer Zelle. Wir wirkten hässlich aufeinander und wir wussten es. Sie sagte: »Weißt du, dass du heute Geburtstag hast.« Ich sagte, ja, ich wisse es, na und, sie erwiderte, Geburtstage seien etwas Besonderes und ich würde Geschenke bekommen. Ich sagte, das wüsste ich auch, große Sache. Sie sagte: »Ich blas' dir einen zum Geburtstag. Eigentlich nehme ich keine Schwänze in den Mund, ich halte das für krank. Allein vom Gedanken an einen Schwanz in meinem Mund könnte ich kotzen. Es sieht Scheiße aus, als ob man sich ein Stück Darm in den Mund stopft. Mein Gott, mir wird übel, aber es ist dein Geburtstag, also lutsche ich deinen gottverdammten Schwanz. Hol ihn raus und ich mach's.« Sie schob einen Papierkorb neben mein Bein. Ich fragte sie, was zum Teufel das solle und sie antwortete, das sei, falls sie mittendrin kotzen müsse und auch wenn das Zeug rausspritze, würde sie es in den Eimer spucken, weil schlucken würde sie es auf gar keinen Fall. Sie würde es mir sogar ins Gesicht spucken, wenn ich versuchen sollte, es ihr den Hals runter zu drücken. Ich wollte nicht. Sie sagte: »Warum zum Teufel nicht, willst du nicht deinen gottverdammten Schwanz gelutscht kriegen? Ich hab doch gesagt, dass ich's mache.« Ich sagte, durch sie fühle ich mich hässlicher und wertloser als je zuvor in meinem Leben, ich wollte nur noch da raus und warum sie so gemein sei? Sie fragte: »Was ist gemein daran einen Schwanz zu blasen? Mein Gott, ich biete dir an, dein abnormes Ding, dieses dreckige, hässliche, abgewichste Ding in den Mund zu nehmen und du erzählst mir, ich sei gemein? Komm, mach schon.« Sie schlug mir gegen das Bein und schrie: »Na, mach schon, Geburtstagskind, hol' dein Ding raus, mach schon, zeig es mir!« Ich saß mit den Händen im Schoß da und starrte zu Boden. Ich fühlte mich beschissen. Ich fühlte mich richtig scheiße und ich konnte nirgends hin. Sie rannte im Zimmer auf und ab und schrie mich an, dass ich nicht ficken könne und einen kleinen Schwanz habe. Sie nannte mich »Toothpick«. »Na mach schon, zeig mir den kleinen Zahnstocher. Wo isser denn, wo isser denn? Der ist so klein, dass du ihn nicht mal findest!«

. . .

Die Frauen von den Typen in meiner Abschlussklasse. Spinnst du? Du hast sie wohl nicht mehr alle? Du willst, dass ich dieses Ding in den Mund nehme? Niemals ... du musst echt einen am Sender haben. Ich hol' die Polizei. Du bist ja krank. Raus hier, auf der Stelle. Zieh deine Klamotten an und verschwinde!

. . .

Ich gehe zu ihr, um sie wieder zu sehen, und sie tut so, als kenne sie mich nicht. Ich frage sie was los ist. Warum sie sich so benimmt. Sie fragt was ich hier wolle. Ich erwidere, ich sei gekommen um sie zu sehen. Sie sagt, ich vergeude meine Zeit. Ich sage, das letzte Mal, als ich hier war, hätte ich ihre Zeit auch nicht vergeudet. Sie sagt, das sei letztes Mal gewesen. »Ich wollte dich nur ficken, weil du in einer Band spielst. Das heißt nicht, dass ich dich mögen muss. Ich schulde dir einen Dreck.« Ich sagte, das wüsste ich, aber sie müsse trotzdem nicht so rüde sein. Sie sagte: »Wen juckts? Du warst was, das ich benutzt habe um meinen Freundinnen zu beweisen, dass ich vor Arschlöchern wie dir keinen Bammel habe. Warum bist du nicht cool und verziehst dich?«

. . .

»Du weißt, wie blöd du aussiehst. Du bist hässlich. Kein Mädchen wird je mit dir ficken wollen. Scheiße, bin ich froh, dass ich nicht so aussehe wie du. Bevor du kamst hatte ich richtig schlechte Laune. Jetzt habe ich etwas, wofür ich dankbar sein kann. Mein Gott, diese Visage. Du bist so fett. Kuck dir deine Titten an. Ich wette, du wichst ziemlich oft? Hast du überhaupt einen Schwanz? Du bist ein verficktes Monster. Du bist verflucht, Mann. Das ist überhaupt ein toller Name für dich. Von jetzt an heißt du nur noch ›der Fluch‹.«

Fast jedesmal wenn er aufs Schulklo ging, wurde der Fluch mit dem Kopf ins Klobecken gedrückt. Ein paar Mal die Woche kippte man ihm sein Tablett über die Hose. Seinen Eltern konnte der Fluch nichts erzählen, er wusste, sein Vater würde versuchen mit den Vätern der anderen Jungen Streit anzufangen. Der Fluch lernte den ganzen Tag die Blase anzuhalten. Die Busfahrt nach Hause war die reinste Hölle, bei jedem Schlagloch musste er auf die Zähne beißen. Der Fluch ging nie zu den Football-Spielen der Schulmannschaft. Einmal war er hingegangen und etwa zweihundert Schüler brüllten: »Fluch, Fluch, Fluch«. Das Nichterscheinen beim Heimspiel wurde automatisch von der Lehrerkonferenz bestraft. Drei Stunden nachsitzen am Samstag in voller Uniform. Es war es wert, das Spiel sausen zu lassen und die Stunden abzusitzen. Mit öffentlichen Verkehrsmitteln zur Schule zu fahren dauerte fast zwei Stunden. Wenn er nach Hause kam war es bereits später Nachmittag. Trotzdem, das war es wert, sie nicht hören zu müssen. Mehr als wert.

. . .

Januar 1987. So viel Scheiße passiert und frisst Löcher in mich. Manchmal fühle ich mich wie eine rostige Dose. Ein freundliches Gesicht kann wie eine Beerdigung sein. Es verletzt und schmerzt. Zum Beispiel, als er heute vorbei kam. Er saß auf dem Boden und wir redeten über diesen Typen, der abgestürzt war und über jenen, der im Arsch ist; ich sehe ihn an, er sieht mich an und wir fühlen uns so verdammt alt. Das hat nichts Erhabenes mehr. Als redeten alte Männer wie sie sich einmal lebendig fühlten, und wie gut das tat. Wenn wir uns über das unterhalten was derzeit los ist bekommen die Wörter einen tödlichen Beiklang und ich möchte am liebsten auf der Stelle sterben. Ich ersticke beim Atmen. Das Zimmer erdrückt mich. Die Bilder an den Wänden verblassen. Alles was ich je gemacht habe bekommt einen bitteren, billigen Beigeschmack. Man fühlt sich als hätte man nie gelebt. Verdammt, das tut weh. Besonders, wenn man in den Spiegel schaut und sieht, dass man gelebt hat.

. . .

Manchmal fühle ich mich als müsste ich in die Recycling-Fabrik. Mich selbst einliefern, ins Feuer springen, durchs Stahlbad gehen und als ein anderer wiederauferstehen. Schrottmann.

. . .

Feiertage meide ich wie die Pest. Neujahr in Venice. Die ganzen Typen die ihre Knarren abfeuern. Geiler Sound da draußen. Wie im Krieg. Aber alles nur halb so wild, ich weiß dass niemand eine Kugel abkriegt, trotzdem lüften die Homeboys ihre Knarren gut durch. Pumpguns, Pistolen und Feuerwerk. Schade dass es nicht jeden Tag so ist. Vielleicht würde ich meine Freundin mehr lieben wenn ich wüsste, ich könnte sie vielleicht nicht mehr wiedersehen, wenn ich in den Waschsalon gehe. Wenn in Venice jede Nacht die Kugeln pfeifen würden wäre vielleicht alles bedeutsamer und wirklicher.

. . .

Alter kleiner Mann. Mit dreißig. Dein Kopf hebt sich leicht zum warmen Beifall. Sie lieben dich und glauben du seist reizend und klug. Ein niedlicher kleiner Junkie. Während sie klatschen lachen sie ein bisschen. Du singst und fällst hin. Kids und Junkies sind sich so ähnlich. Sie vertüdern sich ständig und müssen mit Essen und Trinken versorgt werden. Abends muss man sie ins Bett bringen. Ihr Benehmen wird akzeptiert. Eigentlich gleichen sie sich wie ein Ei dem anderen; nur dass keiner einen Fünfjährigen der hinfällt und kotzt für ein Genie hält.

. . .

Sie werden desillusioniert, weil sie Illusionen hatten. Die rosa Brille die sie aufhatten wurde von der Wirklichkeit beschmutzt. Ihre Träume verdarben und lösten sich auf. Sie fielen in sich zusammen. Ich sah sie kriechen. Und marschierte mit meinen Stiefeln über sie hinweg.

. . .

Die Städte der toten Träume, Scheiße. Du musst durch sie hindurch. Sie bringen sich um, um am Leben zu bleiben, und dich bringen sie auch um. Ich schau mich in meiner Nachbarschaft um und stelle fest, dass die Realität durch sie hindurchgefegt ist als wollte sie verbrannte Erde hinterlassen.

. . .

Neulich unterhielt ich mich mit Tom und er erinnerte mich daran wieviel Stuss wir damals geredet hatten.

Zum Beispiel im Burger King, wo ich ihm erzählt hatte, ich wolle Babies tätowieren und die Einbände meiner Bücher aus der Haut von Kindern machen. Ich fragte ihn: »Habe ich tatsächlich so eine Scheiße erzählt?« Und er meinte, ja. »Mann, damals muss ich ja gut drauf gewesen sein, ich kann mich nicht erinnern, dass ich seitdem eine so gute Idee hatte.«

. . .

Wenn ich an all das denke was ich gemacht habe, werde ich manchmal richtig deprimiert. Eigentlich war es damals schon so deprimierend wie heute. Also schreibe ich darüber, über die ganze andere Scheiße von der es genug gibt, wenn ich das letzte Desaster hinter mir gelassen habe. Und es gibt Momente, in denen ich im Rückblick, so sehr ich es versuche, nichts Lustiges finden kann, es war eben die übliche Scheiße damals. Als wolle man aus einer granitenen Orange Saft pressen.

. . .

Ich wünsche mir eine Frau die mich an jede Lüge erinnert. Ein Frau die jedes Mal lacht, wenn ich ihr sage dass ich sie will. Eine Frau, die mir immer wieder erzählt, dass das, was ich gemacht habe, kaum was bedeutet. Eine Frau, die trotz der Dinge, die sie sagt, mein Begehren weckt. Eine Frau, die mich, wenn ich sie brauche, zurückweist und mir sagt, ich sei auf mich allein gestellt. Eine Frau, die mir alle zwei Monate ein Lächeln schenkt. Eine Frau, die mich am nächsten Morgen aus dem Bett jagt und mir sagt, das nächste Mal pünktlich zu sein. Sonst ist alles zu einfach, wird fad und leblos. Auf den Todestrip kommen: hirnlose, faulende, Ego auslöschende Liebe. Ich will Grausamkeit. Ungestüm. Kratzwunden. Giftzähne. Schweiß. Hitze. Kaputte Möbel. Wahnsinn.

. . .

Du gibst mir das Gefühl scheißalt zu sein. Dass mein Knie schmerzt. Ich sitze auf dem Bett und sehe zu wie du weinst. Bist du jemals glücklich? Du verwandelst dieses Zimmer in ein Gefängnis. Ich kann deinem Elend nicht entkommen. Jetzt hast du mich. Kopf schmerzt. Knie schmerzt. Ich fühle mich so elend wie du. Ich habe geschworen mich nicht von dir runterziehen zu lassen. Du hast es trotzdem geschafft, weil mir der Atem ausging. Ich sinke nieder, verwundet, verletzt und schwach. Als müsste ich durch Schlamm schwimmen. Wenn ich für jede Träne von dir einen Penny kriegte, würde ich dieses Apartment kaufen und es dir schenken. Dann hättest du deinen eigenen Ort, um niedergeschlagen zu sein.

. . .

Ich humple zur Post. Autos fahren vorbei und hupen. Das zerrt an meinen Nerven. Ich habe ständig Schmerzen und ich habe ständig Angst. Ich sehe wie dieser Typ mich anstarrt, und wenn er rüberkommt reiß ich ihm den Kopf ab, nur um sicher zu gehen, dass er mich in Ruhe lässt. So sehr will ich in Ruhe gelassen werden. Weil ich nervös und reizbar bin. In dieser abgewrackten Stadt herumzulaufen, mit all den Lackaffen die mir auf den Geist gehen. Mich mit ihrer

Angst belästigen, während sie in ihren gepanzerten Wagen vorbeifahren. Wagenburg-Mentalität. So sicher in ihren ignoranten Polizeistaatsträumen.

. . .

Jedes Mal wenn ich Atem hole ersticke ich. Ich wache auf, und alles, woran ich denken kann, ist die Lüge. Die Lüge stinkt. Jedesmal wenn ich nach draußen gehe sehe ich nur Lügen. Jedesmal, wenn ich nach draußen gehe und nicht einen von den Bullen abknalle habe ich ein bisschen mehr verloren. Ich verkaufe mich an ihren beschissenen Traum. Aber für mich ist das kein Traum, die Lüge bringt mich um. Die Lüge bringt sie nicht um, weil sie machen nichts anderes als Scheiße zu fressen. Sie erreichen es nicht einmal. Auf diesem Planeten bin ich ein Heiliger. Trotzdem bin ich ein Versager, weil ich in die Lüge verstrickt bin. Wenn ich sie auf der Straße sehe verliere ich den Verstand. Ich will ihr hübsches Weltbild umtreten und zusehen wie die Farben in die Gosse laufen. Gestern fuhren ein paar Pigs an mir vorbei und schauten mich scheel an. Ich wollte sie auf der Stelle abknallen. Die Lüge. Alle leben die Lüge. Sie sind die Lüge. Ein riesiger, fauliger Ballon dessen Haut zum Zerreißen gespannt ist. Jeden Tag den ich länger hier bleibe verliere ich ein bisschen mehr. Jeden Tag erwischen sie mich und ich weiß es und es tut weh. Was bin ich? Ich bin all das, was sich zwischen Nichts und Allem befindet. Ich bin all das. Wahrscheinlich werde ich am Ende alles sein. Ich kann damit umgehen. Jedes Mal wenn sie mich ansehen, wissen sie, was ich weiß, deshalb schauen sie mir nicht gerne in die Augen. Früher fühlte ich mich elend wenn ich jemanden ansah und merkte, dass er tillte, weil ich ihn ansah. Ich fühlte mich elend, weil ich ihre Lüge beleidigte. Mit meinem Schuldgefühl heizte ich die Lüge an. Ihr Leben, alles im Lot, alles wahrhaftig. Wenn sie mich ansehen während sie im Restaurant essen, senken sie schnell den Blick auf die Teller. Ihnen gefällt nicht, was sie sehen. Ich schlage Wellen in ihrem stillen Teich. Das ist gut so. Ich bin die einzige Wahrheit die sie den ganzen Tag über zu sehen bekommen und natürlich mögen sie das nicht. Früher fühlte ich mich von allen Dingen ausgeschlossen aber inzwischen denke ich, ich bin drinnen und schaue nach draußen. Immer die Augen offen. Wie er sagt: »Ich bin das Auge im Auge des Vogels deiner Seele. Alles durchleben.« Ungebremst durch die brennenden Felder ihres Wahns rennen. Tag für Tag muss ich meine Seele und meinen Verstand verschlucken, um sicher zu gehen, dass sie auch keinen Tropfen abkriegen. Ich muss ich für mich sein. Eins sein mit mir. Die große Eins. Die mächtige Zahl. Die einzige Zahl, die mich nicht belügt.

. . .

Ich hatte ein Messer in der Hand. Ich wollte mir eine Knarre in den Mund schieben. Ich stand da, mit einem Messer in der Hand. Aber ich wollte, ich hätte eine Knarre im Mund. Stand da wie ein bescheuerter Depp und wartete auf den Todestrip. Wartete sehnsüchtig. Aber nicht sehnsüchtig genug. Lange nicht sehnsüchtig genug. Nicht einmal annähernd. Rieche meine Furcht. Atmendes Tier. Ich will eine Knarre in meinem Mund spüren. Beende mein Leid, Kugel. Erlöse mich von meinem schäbigen Leben. Meiner schäbigen Furcht. Es ist so einfach, sich das Ding zu wünschen, das mich umbringt. Besonders wenn es nicht in der Nähe ist.

. . .

Keine Liebe läuft durch mein Feld des Wahns
Hass und Tod lassen mich aufzucken
Ansonsten bin ich tot
Ich weiß nicht, was mich am Leben hält
Ich fühle mich auch nicht anders
Immer
Überall
Eins sein
In meinem Geist
Genau hier
Jetzt

. . .

Die Drogendealer sind wieder da. Die Polizei hatte sie vertrieben aber sie sind zurückgekommen. Den ganzen Tag dröhnt ihre Scheißmusik. Ihre crackverseuchten Streitereien dauern die ganze Nacht. Ich schätze, wenn ich ein bisschen schlafen will, muss ich vorher ins Waffengeschäft und ein Jumbo-Pack Patronen kaufen.

. . .

Liebe ist unrein. Hass ist rein. Wahrhaftig für mich. Ich verbrenne nachts Popsong-Lügen in meinem Zimmer. Lache über die Schlappschwänze. Ihre Heulsusengesichter. Schwanzharte Wirklichkeit. Kleiner schmerzender Geist. Mit Liebesliedern den Mond anjaulen.

. . .

Ich sehe das kleine Mädchen jeden Tag. Wohin sie auch will, immer rennt sie. Weihnachten bescherte ihr ein Fahrrad. Jetzt fährt sie die Straße auf und ab. Nie scheint sie müde zu werden. Sie spielt immer allein. Neulich sah ich sie, wie sie mit ihrem Fahrrad in der Nähe der anderen Kinder stand, die alle viel älter waren als sie. Sie schenkte ihnen keine Aufmerksamkeit. Sie stand da, weil die da standen. Die älteren rauchten und prahlten herum. Plötzlich sprang sie auf ihr Rad und raste davon, als müsse sie ganz dringend irgendwo hin. Heute spielt sie allein mit dem Ball. Sie rennt ihm hinterher, die Straße hinunter, vorbei an den Crackdealern die vor dem Apartmentgebäude abhängen. Ich frage mich, ob sie es je aus diesem Viertel schafft oder auch als kaputter krimineller Sozialfall endet. Wahrscheinlich schafft sie es nicht. Zu schade. Sie hat mehr auf dem Kasten als diese Crack-dealenden Idioten jemals haben werden.

. . .

Letzte Nacht kamen die Bullen zum Crack-Haus. Die Crackdealer schwirrten herum wie aufgescheuchte Schmeißfliegen und schmissen auf der Flucht ihren Stoff über die Betonmauer. Die Cops leuchteten mit Taschenlampen herum und versuchten die Päckchen zu finden. Ohne Erfolg. Die Bullen jagten zwei Typen durch die Gasse neben dem Gebäude. Beinahe hätten sie zwei andere Typen überfahren, die über die Straße gingen. Das wäre cool gewesen. Tolles Gemetzel. Die Bösen killen zur Abwechslung mal die Bösen.

. . .

Ich fuhr zum Flughafen, um meine Mutter abzuholen. Ich ging durch die Sicherheitsschleuse und der Alarm ging los. Der Typ sagte mir, ich solle zurück und meine Taschen ausleeren. Nachdem ich meine Taschen geleert hatte, ging ich wieder durch und der Alarm meldete sich erneut. Ich erklärte dem Typen, es seien die Stahlkappen in meinen Schuhen. Ich zog die Schuhe aus und ging noch einmal durch. Diesmal blieb es still. Die Security-Typen machten blöde Bemerkungen über mein Äußeres und anstatt in die Empfangshalle zu gehen, blieb ich stehen. Sie sagten noch ein paar Sachen und dann hielten sie mehr oder weniger die Klappe. Ich sagte: »Ich verstehe nicht, was ihr sagt, vielleicht könnt ihr etwas deutlicher sprechen.« Sie standen aber nur da und glotzten, bis einer sagte, ich sehe aus, als komme ich frisch aus dem Knast. Ich erwiderte, ich sei mein ganzes Leben in ihrer Welt eingesperrt gewesen. Dann zog ich los, um auf meine Mutter zu warten. Sie riefen die Polizei und dieser Scheißbulle blieb die ganze Zeit hinter mir, bis meine Mutter kam. Alle paar Minuten drehte ich mich um um nachzusehen ob der Bulle noch da war. Ich lächelte ihm zu. Schließlich kam meine Mutter und wir gingen. Diese Leute sind total im Arsch. Erst fangen sie diese Scheiße an, wollen dann aber keine Verantwortung übernehmen, wenn sie was zurückkriegen. Alles was sie können ist, ihre Scheiße auf jemandem abzuladen, der dafür bezahlt wird einen Trip durchzusetzen, den sie nicht mal genau definieren können. Es scheint als wollte niemand für seine Taten verantwortlich sein. Sie finden immer einen Weg sich herauszumanövrieren. Sie belügen alle, mit denen sie zu tun haben. Sie belügen sich selbst und fragen sich darum, warum sie sich hassen.

Menschen verdienen ihren Lebensunterhalt, indem sie sich selbst hassen. Ihre Jobs machen sie fertig, andauernd werden sie gedemütigt und heruntergeputzt, bis sie an den Punkt kommen, wo sie in einer Art anonymen Konformismus neutralisiert sind. Sie werden darauf programmiert zu glauben andere seien besser als sie. Sie werden darauf getrimmt, sich vor Verantwortung zu drücken und verkaufen ihre Seele für den einen vergifteten Traum, der die Ursache ihrer Qualen und ihres Selbsthasses ist. Selbsthass schafft Arbeitsplätze für Hirnklempner, die Konformismus und Selbsthass verstärken. Schwäche gebiert Schwäche. Angst fördert die Angst der Schwachen. Die Starken werden gehasst. Menschen die sich selbst hassen sind schwach. Menschen, die sich selbst genug achten, um auf Angstspielchen mit anderen verzichten zu können, sind stark. Schwache Menschen sind gefährlich. Sie sind nicht für sich verantwortlich. Sie lassen ihre Schwäche an anderen aus.

. . .

Du hast sie gefickt!
    Nein, habe ich nicht. (Au Scheiße)
    Hast du wohl, du Hundesohn, wie konntest du nur?
    Du hast sie gefickt, selbst wenn du's nicht getan hast.

Sie schaut mir beim Schreiben über die Schulter.
Ich frage sie: »Bist du über irgend etwas wütend?«
Ich sehe, wie ihr Gesicht sich zu einer gemeinen Fratze verzieht. Sie schaut mich noch einmal an und geht dann nach oben. Das wäre eine lustige Geschichte geworden, dieser Dialog, den ich gerade schreiben wollte, aber jetzt habe ich den Faden verloren und weiß nicht mehr was ich sagen wollte. Das Timing war wieder einmal perfekt. Jedes Mal wenn sie durchs Zimmer geht wirft sie einen Blick auf das, was ich schreibe, und wenn ich versuche, meinen Kopf dazwischenzuschieben, wird sie wütend und behauptet, sie hätte gar nicht kucken wollen. Kümmere dich doch gefälligst um deinen Kram, dann würdest du auch nicht so aus der Form gehen. Das Leben ist auch ohne gegenseitiges Quälen hart genug. Egal, what the Fuck, wieder eine Idee futsch. Ziemlich schwierig, hier drin bei Laune zu bleiben. Ich tue mein Bestes nicht unterzugehen.

. . .

Unmöglich zu entkommen
Das Telefon klingelt
und ich stecke mit der Stimme in der Falle
Was für eine Beleidigung
Was für eine Invasion
Wie können sie es wagen
Ich sollte den Hörer danebenlegen!
Aber das kann ich nicht machen
Stell dir vor, keiner kann mich erreichen
Ein schlimmeres Schicksal als der Tod!

. . .

Mama mit den stumpfen, eingefallenen Augen. Heute abend bete ich für dich. Ich kann dich nicht sehen, ich kenne deinen Namen nicht, aber ich weiß dass du irgendwo da draußen bist. Du sitzt in der Küche und betrachtest die Kakerlaken. Die Wohnung stinkt nach Insektiziden und Babyscheiße. Ich kenne das. Das Baby schreit, es schreit ständig, egal, was du machst. Er ist schon lange abgehauen. Ich weiß was du denkst. Es wäre so einfach, es in den Kamin zu werfen. Kein Geschrei mehr. Keine kaputten Nächte mehr, in denen du auf dem Boden kniest und den Aschenbecher umkippst, während du versuchst Windeln zu wechseln. Das Kind hat keinen Namen. Du bist frei es verhungern zu lassen. Deshalb sind meine Gedanken heute abend bei dir. Bitte, gib ihm noch einen Tag. Ich sehe es schon vor mir. Der fette Detective auf dem Bürgersteig, er schaut sich den kleinen Leichnam an, wirft einen Blick auf seine Uhr. Er nimmt den Lokalteil der L.A. Times und bedeckt den unbeweglichen, zusammengeschrumpften Körper. Du bist oben, hast die Tür verriegelt. Du hörst die Detectives, wie sie über den Flur gehen und die Nachbarn fragen ob jemand etwas über das Kind wisse, das sie in der Mülltonne gefunden haben. Die Nachbarn vergessen schnell und gründlich. Als wären sie nie um den Schlaf gebracht worden. Manche danken dir innerlich, während sie dem Bullen ins Gesicht lügen. Ich wüsste nicht, was deine Meinung ändern sollte. Einen Tag nur, stumpfäugige Mama. Ich kann sehen, wie du ihm mit der Zigarette den Arm verbrennst. Einen Tag nur. Du könntest ihm mit zwei Fingern das Genick brechen. Gib ihm noch einen Tag.

Sie können keine Ecken erkennen und keine Geraden. Ich sehe die Ecken und Kanten. Sie stellen keine Fragen. Sie fressen Gift und nennen es Kaviar. Sie bringen sich in ihren Jobs um und sagen anderen, sie sollen so sein wie sie. Sie hassen sich. Sie predigen Selbsthass, Selbstzerstörung und Konformismus und nennen es Tugenden. Sie reden von Liebe, denken aber nur an Geld. Sie belügen sich regelmäßig. Notlügen sind gestattet. Lügen sind gestattet. Die Wahrheit ist gestattet, nachdem man sie solange verdreht und verzerrt hat, bis sie akzeptabel klingt. Wie eine Lüge. Lügen sind höflich. Die Wahrheit ist grob und sie sagen sie nicht, außer sie möchten einen der ihren verletzen. Alle, die außerhalb ihrer Lügengespinste leben, werden gehetzt und vernichtet. Opfer der Lüge nennen sie Verbrecher. Für die es einen Platz gibt. Den die Lügner errichtet haben. Gefängnis. Für sich haben sie ein größeres gebaut, in dem sie leben. Sie nennen es die Freie Welt. Es ist wie alles, was sie sagen. Sie übernehmen keine Verantwortung für ihr Leben. Sie bezahlen Analytiker, Priester und Bullen, die für sie die Verantwortung übernehmen. Sie beten zu Gott, sie aus der Hölle, die sie geschaffen haben, zu erlösen. Wenn es einen Gott gäbe würde er sie alle umbringen.

. . .

Es tat weh, als ich herausfand, dass sie mehr auf Lügen stand als auf meine Wahrheit.
Es tat weh, als sie schließlich zusammenbrach und die Wirklichkeit erkannte
Sie war so am Arsch
Sie fühlte sich abgezockt

Meine Wahrheit brannte ihre Lügen nieder
Ich fragte sie, ob sie mich liebe
Sie sagte, ich sei nicht der Mensch, den sie dachte zu kennen
Ich sagte ihr, ich sei stets da gewesen
Für ihre Lüge war ich eine Lüge
Ich ließ sie im Stich
Ich hatte keine Schuldgefühle
Es tut weh, wenn wir einander in die Augen schauen
Und einen Fremden sehen, den wir gut zu kennen glaubten

. . .

Kuck dir die durchgedrehten Straßen an. Autos Kugeln Sexmaschinen Drogenbubis, die in den Klauen des Todes zucken. Kommst du klar oder geht's zu schnell, zu wild, zu heftig ab? Die Straße kocht unter deinen Füßen und keine Lüge der Welt kann den Motherfucker aufhalten, der dich mit dem Schraubenzieher abstechen will. Kannst du dich auf den Irrsinn einlassen, kannst du die Hand ins Feuer legen? Kannst du es, oder geht es zu schnell, zu sauber ab, zu heftig, zu verdreht, zu bedrohlich? Um dich herum schmilzt alles zusammen. Der Rhythmus ist real und zufällig, und es ist so verdammt beängstigend, dass es die Wahrheit sein muss. Yeah, die Wahrheitskugel fetzt dir das Gesicht runter. Die Wahrheit legt dein Hirn bloß, du blickst nicht mehr durch. Du willst auf einen Fremden losgehen, ihn packen und bitten dich anzulügen, damit du in diesem Irrsinn nicht den Verstand verlierst, im Angesicht von so viel Wahrheit. Alle Augen blicken jetzt auf dich, wusstest du das? Klar wusstest du, diese Blicke versengen deine Haut und du willst aus der Haut fahren. Schau dir den Krieg an, schau dir die Wirklichkeit an. Sie ist ständig um dich, du kannst ihr nicht entgehen. Es ist heiß, es ist kalt, draußen sind 360 Grad.

. . .

Die Wichser bringen mich um. Die schwächlichen Wichser. Ich bring mich in eine Lage, in der sie mich erwischen können. Diese schwächlichen Schweinehunde sind überall. Saugen mein Blut aus mit ihrem arschkriecherischen Geschwätz. Wenn ich nicht aufpasse, bringen sie mich um. Ich kann nirgendwo hin ohne dass sich mir einer von ihnen in den Weg stellt und Ärger macht. Ihr Geschwätz ist hohl. Ihr Geschwätz ist genau so viel wert wie sie selbst. Es ist ihr Trip, ihr gestörter Affentanz. Die Wurzeln ihrer Schwächen legen sich um meine Beine und ziehen mich auf ihr Niveau runter. ›Da hast du ein Paddel, lass uns zusammen durch meine Scheiße rudern‹: So läufts. Sie sind soviel wert wie ihr Geschwätz. Sie sind einen Scheißdreck wert. Ständig kriegen sie mich am Arsch. Ihre Schecks platzen. Ihre Versprechen hetzen mich auf kindische Schnitzeljagden. Sie sind schwach und sie machen mich schwach. Sie sind die Seuche. Man sollte sie ausrotten. Jede Seuche, die ausgerottet werden sollte, muss ausgerottet werden.

. . .

Wenn du keine innere Stärke besitzt, will ich nicht mal in deiner Nähe sein. Wag nicht mich anzusehen. Ich will deinen Namen nicht wissen. Das Leben ist zu kurz.

Das Einzige was ich aufbringen kann, das Liebe ähnelt, ist Respekt. Für mich bedeutet Respekt unendlich viel mehr. Das ist das Problem. Liebe kann auch ohne Respekt existieren. Für mich ist das eine gottverdammte Lüge. Ich kann nur für mich Verantwortung tragen. Ich kann niemanden respektieren der nicht auf eigenen Füssen stehen kann. Wenn du mich willst, dann musst du dich selbst zehnmal mehr wollen. Du musst stark sein. Ansonsten ist es besser du verliebst dich und belügst dich, während du dich zum Glück wichst.

. . .

Sie haben dich verlassen, ganz so wie du angenommen hast. Sie gingen und du bist abgestürzt wie ein Stein. Auf den Grund deines Zimmers. Ich sehe dich, ja, ich kann dich sehen. Du sitzt in deinem Sessel und hasst das alles. Fällst wie ein Stein, ohne dich auch nur zu rühren. Es verletzt dich zu wissen, dass du Recht hattest mit der ganzen Scheiße, mit der du gerne Unrecht gehabt hättest. Sie verlassen dich immer. Du bringst dich in die Lage, verlassen zu werden.

. . .

Ich bin ausgebrannt. Gestern Abend bin ich in Phoenix, Arizona, aufgetreten. Dieses Mädel kam zu mir und erzählte mir, dass ihr wirklich gefallen habe, was ich sagte. Ich bedankte mich und versuchte, schleunigst wegzukommen. Sie sagte es sei wichtig für sie, dass ich damit weitermache. Sie war besorgt, ich könnte ausbrennen, wenn ich so konsequent weitermache. Sie meinte, es wäre schrecklich, wenn ich ausbrennen würde. In diesem Moment fühlte ich mich ausgelaugt wie lange nicht. Das von jemand zu hören weckt in mir den Wunsch, wirklich fertig zu sein. Und jetzt sitze ich hier und fühle mich ausgebrannt. Promoter sind daran schuld, Flugzeuge, Lügner und Todesmaschinen. Ich will dieses Zimmer nicht verlassen. Ich will hier drin bleiben und wenn ich Glück habe, löse ich mich in Luft auf. Das Telefon klingelt und ich hasse den Anrufer, noch ehe ich abgenommen habe. Ich will nicht reden. Ich will niemanden sehen. Ich will mich nicht mehr bewegen.

Ich will nicht denken. Meine Lider sind schwer, aber ich kann nicht schlafen. Ich muss über die armen schwachen Wichser nachdenken mit denen ich es zu tun habe, fast denke ich, ich bin genauso bescheuert wie sie. Oder zumindest genauso schwach. Diese Wichser, diese sterilisierten Wichser. Dumpfe Hohlköpfe die mich herumschubsen. So was wie ein Versprechen einhalten, das gibt es gar nicht. Du kriegst immer nur die Hälfte, der Rest wird zugequatscht. Eine Menge Leute haben das perfekt drauf. Sie sind schwach und sie sind überall. Das Blöde ist, du kannst nicht alles selbst machen. Einzelheiten musst du Fremden überlassen, und dann kriegst du was du kriegst. Du wirst von jemandem über den Tisch gezogen, der sich nicht einmal an deinen Namen erinnert.

. . .

Ich und Ian. Scheiße, Mann, wir gingen immer zusammen die Straße lang, wir waren perfekt. Kein Witz. Zum Waschsalon, um ein paar Cokes zu besorgen. Wir waren cool. Wir hatten unsere brenzligen Momente, unsere Schrammen und jede Menge Geschichten zu erzählen. Wir hingen auf dem Parkplatz ab als würde unser Leben davon abhängen. Wir lebten auf der Straße. Selbst wenn nichts los war, etwas war immer los. Jemand versuchte die Lady die im Deli arbeitete zu überfallen. Keine Chance! Fick dich! Was war los? Nachdem ihn die Lady vertrieben hatte ging er über die Straße und hat's im Teppichladen versucht. Und, was ist im Teppichladen passiert? Keine Ahnung, aber es gibt ihn immer noch. Yeah!

Es war so einfach, dass selbst wir es nicht versauen konnten. Die Straße runter, ein paar Cokes besorgen. Besser ein paar mehr, denn es ist scheiße heiß heute Abend. Perfekt. Auf einem anderen Parkplatz abhängen um die Sonne untergehen zu sehen. Sehen wollen, wie sie untergeht, weil der Tag so klasse war, dass du dich persönlich von ihm verabschieden willst. Ich war so scheißblöd. Es war perfekt, die brenzligen Momente, die Tage und Nächte auf der Straße, als würde es immer so weitergehen. Ohne Scheiß, Mann, du hättest uns die Straße runtergehen sehen sollen. Wir machten das, als wär's die natürlichste Sache der Welt, und damals war es das auch. Ich weiß, ich könnte nie mehr so cool die Straße runtergehen. Ich bin zu smart geworden. Ich wurde so smart, dass ich so bescheuert wurde, dass ich größere und gefährlichere Abenteuer brauche um einen Kick zu kriegen.

Ich habe Tylenol und Kaffee, die helfen mir mit meiner gegenwärtigen Unzulänglichkeit und Intelligenz. Gottverdammt. Du hättest uns die Straße runter gehen sehen sollen. Wir waren perfekt.

. . .

Heute Abend gingen meine Freundin und ich zum Drugstore. Wir wollten gerade eine kleine Seitenstraße überqueren als ich ein Auto hörte, obwohl keine Scheinwerfer zu sehen waren. Ich packte ihre Hand und zerrte sie zurück. Genau in dem Moment kommt diese Zivistreife ohne Licht aus der Seitenstraße geschossen. Der Wagen hielt und als wir hinter ihm die Straße überqueren wollten, sah ich die Rückfahrscheinwerfer aufleuchten. Die Bullen rasten rückwärts und hätten fast meine Freundin umgefahren. Sie schaute zum Wagen und rief »Arschlöcher«. Die Pigs hörten sie und glotzen sie schmierig an. Wir blieben stehen und starrten den Typen am Steuer an. Er raste los in Richtung des Parkplatzes auf dem die Drogendealer abhängen. Die Dealer sahen den Wagen kommen. Ich hörte, wie sie den Typen im Crack-Haus zuriefen. Die Türen verriegeln und cool bleiben. Die Bullen fuhren einmal um den Block und rasten wieder auf das Gebäude zu. Ich hörte wie einer der Dealer sagte: »Kuck mal, der lässt voll die Sau raus.« Ich fand, das klang cool.

Diese Scheiße passiert ständig und immer komme ich zum selben Schluss: Die Luftwaffe rufen und das ganze Viertel niederbrennen. Die Bullen, die Armen, alle müssten ausgerottet werden. Die ganze Scheißküste abfackeln, von Santa Barbara bis nach Long Beach. Hier mit konventionellen Mitteln aufzuräumen ist zu diesem Zeitpunkt des Spiels schon unmöglich. Ich kann mir keine Sozialreform vorstellen. Es gibt nur einen Weg das Problem zu lösen. Reinigendes Feuer. Jede Seuche, die ausgerottet werden sollte, muss ausgerottet werden. Heil, heil Vernichtung.

. . .

Wir wollten schon immer den Krieg. Nein, ich rede nicht über ein radikales historisches Essay. Ich rede über mich und meine Kumpel, die sich über die wahren Dinge unterhalten die es braucht, dass dieses Land wieder auf Kurs kommt. Ich rede nicht über einen Krieg in irgendeinem südamerikanischen Land oder so. Ich rede über Hier und Jetzt. Diese Kids mit ihrer beschissenen Musik und ihrer stilisierten Dekadenz. Die Erwachsenen mit ihren beschissenen Ausreden, die glauben, sie können ungestraft morden. Gebt allen Knarren und lasst hier mal richtig die Sau raus. Das wäre klasse. Es würde Krieg herrschen. Leben wäre kostbarer. Liebe wäre wahrhaftig und nicht bloß ein Trick um gevögelt zu werden. Krieg würde die Dinge ins richtige Licht setzen. Die Fetten sind zu fett geworden und die Mageren zu mager. Es wird Zeit ein paar Bullen abzuknallen und einen drauf zu machen.

Lydia Lunch
Paradoxie
Tagebuch eines Raubtiers
Mit einem Vorwort von Hubert Selby Jr.
Aus dem Amerikanischen von Gunter Blank
211 Seiten · Hardcover · 15,80 EUR (D)
ISBN 3-934790-00-3
»… ein drastisches politisches Statement.« INTRO

Lydia Lunch
Belastende Indizien
Aus dem Amerikanischen von Gunter Blank
213 Seiten · Hardcover · 15,80 EUR (D)
ISBN 3-934790-01-1
»Unter Literaturverdacht.« DIE ZEIT

Henry Rollins
Pissing in the Gene Pool
Aus dem Amerikanischen von Gunter Blank
97 Seiten · Hardcover · 15,80 EUR (D)
ISBN 3-934790-02-X
»Das Notizbuch eines Reporters der Straße.« INTRO

Im Mai 2002 erscheint:
Henry Rollins
Eye Scream
Aus dem Amerikanischen von Gunter Blank
ca. 250 Seiten · Hardcover · ca.: 15,80 EUR (D)
ISBN 3-934790-04-6
»Eine Ikone der Kreativität.« BILLBOARD

mirandA-Verlag
Postfach 101021 · 28010 Bremen